Katrin Unterreiner

Oh, wie schön sie ist!
Sisi – Kleider einer Kaiserin

D1731921

ueberreuter

SCHLOSS HALBTURN

Diese Publikation erscheint anlässlich der Ausstellung
„SISI – Kleider einer Kaiserin"
vom 8. April–26. Oktober 2022 im Schloss Halbturn.
www.schlosshalbturn.com

1. Auflage 2022 *ganz neu!*
© Carl Ueberreuter Verlag, Wien 2022
ISBN 978-3-8000-7787-8

Covergestaltung & Grafik: Saskia Beck, s-stern.com
Umschlagfoto: © Bertalan Székely: Queen Elizabeth 1969 / József Attila Museum Makó
Lektorat: Maria-Christine Leitgeb, www.diesprachagentur.com
Satz: Saskia Beck, s-stern.com
Druck und Bindung: Finidr Ltd., Český Těšín

Katrin Unterreiner

"Oh, wie schön sie ist!"

Sisi – Kleider einer Kaiserin

INHALT

EINLEITUNG 6

**1 REPRÄSENTATION – KAISERIN ELISABETH
VON ÖSTERREICH** 12

ELISABETH, HERZOGIN IN BAYERN 12

DIE ANKUNFT DER KAISERBRAUT 16

DIE JUNGE KAISERIN 24

DIE LAST DER REPRÄSENTATION 30

DIE MACHT DER SCHÖNHEIT 34

KÖNIGIN ELISABETH 44

CHARMEOFFENSIVE 50

DIE MACHT DER BILDER 56

DIE UNGARISCHE KRÖNUNG 60

SCHLOSS GÖDÖLLŐ 64

DIE SILBERHOCHZEIT 70

2 PRIVATLEBEN – SISI 76

KÖRPERKULT 76

KAISERLICHE DESSOUS 82

HAARPRACHT 88

FERNWEH 94

DIE PARFORCE-REITERIN 100

DAS REFUGIUM 110

FLUCHT VOR FREMDEN BLICKEN 118

POETISCHE TRAUMWELTEN 124

TODESSEHNSUCHT 130

DAS LICHTE KLEID 136

DAS ATTENTAT 140

QUELLEN UND LITERATUR 147

Einleitung

Ich hab' geliebt, ich hab' gelebt,
ich hab die Welt durchzogen;
doch nie erreicht, was ich erstrebt.
Ich hab' und ward betrogen!

Nordsee Lieder, 1886

Die Kaiserin als Mode-Ikone?

„Oh, wie schön sie ist", rief der Schah von Persien begeistert aus, als er die Kaiserin zum ersten Mal sah. Kaiserin Elisabeth ist als eine der schönsten Frauen ihrer Zeit bekannt und gilt als Ikone. Auch ihre Art sich zu kleiden war und ist bis heute Gesprächsthema. Kann die Kaiserin von Österreich deshalb jedoch auch als Mode-Ikone bezeichnet werden? Folgte sie den neuesten Trends oder interessierte sie sich gar nicht für Mode?

War Sisi *Influencerin* und fungierte als Vorbild, dem ihre Zeitgenossinnen folgten? Ein genauer Blick auf ihre Kleidung erlaubt nicht nur eine Reise in eine modisch opulente Vergangenheit mit prächtigen Roben, sondern viel mehr als das. Sie ist auch ein Spiegel ihrer Persönlichkeit und erzählt von den entscheidenden Momenten ihres Lebens.

Sich modisch zu orientieren, war im 19. Jahrhundert nicht so leicht wie heute, aber möglich. Seit 1849 erschien wöchentlich mit *Iris – Pariser und Wiener Original-Damen-Moden-Zeitung* die erste Zeitschrift, die über die neuesten Trends aus Paris inklusive Abbildungen und Schnittbögen berichtete. Daneben gab es *Die Frauenwelt. Illustrirte Muster- und Modezeitung*. Beide Zeitschriften wurden allerdings Mitte der 1870er-Jahre wieder eingestellt, und erst ab 1888 erschien mit der *Wiener Mode* eine Nachfolgerin. Modeinteressierte Damen konnten sich also sehr gut informieren, um up to date zu sein, orientierte man sich jedoch auch an Vorbildern aus der Gesellschaft. Doch nicht die erste Dame des Landes – Kaiserin Elisabeth – selbst, fungierte als Vorbild, sondern ihre Rivalin, Pauline Fürstin Metternich. Die Enkelin des berühmten Staatskanzlers hatte innerhalb der Familie geheiratet und viele Jahre mit ihrem Mann, dem österreichische Botschafter, in Paris gelebt. Pauline war nicht nur gesellschaftlich, sondern auch modisch überaus ehrgeizig. Sie war eng mit der französischen Kaiserin Eugénie befreundet und eine der ersten Stammkundinnen des berühmten Modeschöpfers Charles Worth gewesen. Als sie nach Wien zurückkehrte, sorgte sie mit pompös inszenierten Wohltätigkeitsveranstaltungen wie dem jährlichen Blumen-Corso im Prater und rauschenden Bällen und Empfängen für gesellschaftliche Höhepunkte und avancierte zur unumstrittenen Grande Dame der Wiener Gesellschaft. Mit nach Wien hatte sie sämtliche neuen Trends gebracht. Elisabeth verspottete sie zwar immer wieder in ihren Gedichten, dennoch war die Fürstin in Sachen Mode und Styling die tonangebende Persönlichkeit – und nicht die Kaiserin. Dass Elisabeth nicht an der neuesten Mode interessiert gewesen wäre, ist allerdings nicht zutreffend. Auch wenn sie repräsentative Auftritte hasste – schön und bewundert wollte sie dennoch sein. Sie nahm alle neuen Trends auf, beauftragte die namhaftesten Modeschöpfer der Zeit und hat-

te durchaus das Ziel, schöner als alle anderen zu sein. Als ihr ihre Hofdame Marie Festetics eines Tages gestand, dass ihr die Frisur bei einem Ball am Vorabend nicht gefallen habe, war Elisabeth tief getroffen und schockiert: „Sie wurde purpurroth, ich hatte das Gefühl, sie sei böse. Nach einer ziemlich langen Pause sagte sie: ‚Also war es nicht schön?‘“[1]

Kaiserin – Machtposition oder dekoratives Anhängsel?

Zugegeben, eine der wichtigsten Aufgaben einer Kaiserin war es, zu repräsentieren. Sie sollte das Ansehen, das Prestige und den Glanz des Hofes und der Dynastie darstellen und galt damit als Aushängeschild der Monarchie. Von ihr wurden Anmut, Grazie und absolute Einhaltung der Etikette erwartet, sie deshalb jedoch auf die Funktion eines rein dekorativen Anhängsels ihrer herrschenden Ehemänner zu reduzieren, wäre jedoch nicht nur zu kurz gegriffen, sondern sogar falsch. Monarchinnen hatten wesentlich mehr Einfluss und Macht, als ihnen in zeitgenössischen Betrachtungen mitunter zugestanden wird. Vielfach fokussieren HistorikerInnen auf diese nach außen hin eindimensionalen öffentlichen Auftritte, vergessen dabei mitunter jedoch, dass es sich hierbei um eine Reduzierung auf Äußerlichkeiten handelt, die nicht mehr als eine Interpretation ist und aus einem falschen Blickwinkel erfolgt. Monarchinnen hatten in der Öffentlichkeit vielleicht nicht viel zu sagen, dennoch hatten sie – und das nicht nur hinter den Kulissen – nicht nur vielfältige Gestaltungsmöglichkeiten, sondern, wenn sie sich dafür interessierten und engagiert waren, natürlich durchaus auch politischen Einfluss.

Kaiserin Elisabeth zählte jedoch nicht zu dieser Kategorie. Ihr Leben drehte sich um ihre Schönheit und ihre Leidenschaften wie Reiten, Reisen und Dichten. Immer wieder wird dies als weibliche Ohnmacht in der streng patriarchalischen Hierarchie des Kaiserhauses und der k. u. k. Monarchie interpretiert. Kaiserinnen konnten jedoch wesentlich mehr sein als dekorative Mannequins und waren nicht nur auf diese Funktion reduziert. Doch es lag an ihnen, sich ihre Themen, Handlungs- und Wirkungsbereiche selbst zu schaffen. Diese waren zwar für eine Kaiserin reduziert, aber dennoch vorhanden. Als Frau des Kaisers hätte sie zwar keine politischen Bewegungen aktiv unterstützen können, jedoch eine beinahe unendliche Anzahl an Vereinen, Bewegungen und Personen, die sich für gesellschaftspolitische, soziale oder auch künstlerische Anliegen einsetzten. Die Bandbreite hätte von Sozialfürsorge über die Förderung von sozial benachteiligten Kindern, Bildungsanstalten für Mädchen und Frauen bis zu allen möglichen künstlerischen Sparten gereicht. Da Elisabeth sich auf keinem dieser Gebiete offiziell engagierte und auch nicht als Privatperson abseits des öffentlichen Interesses mit Menschen in Kontakt stand, die sich in diesen Bereichen engagierten, kann man davon ausgehen, dass sie sich dafür einfach nicht interessierte. Dass sie wie alle Monarchinnen ausgewählten Einrichtungen wie in ihrem Fall dem Elisabeth Spital und einigen Waisenhäusern jährliche Beträge zukommen ließ, kann man nicht als Engagement bezeichnen. Diese Spenden wurden direkt von der Hofverwaltung organisiert und bezahlt und können so nicht auf ihr persönliches Engagement zurückgeführt werden.

Was passierte mit den Kleidern?

Da die Kleider der Kaiserin viel über ihre Persönlichkeit erzählen, sind sie von großer Bedeutung – leider existiert nur noch ein Bruchteil ihrer Garderobe. Die Tatsache, dass sich so wenige Kleider der Kaiserin erhalten haben, hat mehrere Gründe. Die historisch beziehungsweise zeremoniell bedeutenden Kleider wie ihr Hochzeits- oder das ungarische Krönungskleid wurden nach der Zeremonie, der Tradition des Kaiserhauses entsprechend, der Wallfahrtskirche der Dynastie gestiftet. Im Fall des Hochzeitskleides war dies Maria Taferl in Niederösterreich. Aus den kostbaren Kleidern wurden prunkvolle Ornate gefertigt, die zum Teil sogar noch erhalten sind. So befindet sich ein Teil des Hochzeitskleides der Kaiserin bis heute in Form eines liturgischen Gewandes in der Schatzkammer der Wallfahrtskirche Maria Taferl. Interessant ist in diesem Zusammenhang, dass der Stoff ausschließlich mit Silberstickerei verziert ist und somit nicht zur angeblichen Schleppe ihres Hochzeitskleides im Monturdepot des Kunsthistorischen Museums passt, das mit reicher Goldstickerei versehen ist. Die Courschleppe stammt aus dem Besitz von Nachfahren der Kaiserin, die sie Mitte des 20. Jahrhunderts mit der Angabe, dass sie innerhalb der Familie als Schleppe des Hochzeitskleides gelte, an das Museum verkauften.

Wie das Hochzeitskleid der Kaiserin tatsächlich ausgesehen hat, ist leider nirgends überliefert. Im Unterschied zu heutigen royalen Hochzeiten, die medienwirksam im TV übertragen werden, galt die Hochzeit im katholischen Kaiserhaus als heiliges Sakrament und Privatangelegenheit, weshalb die Öffentlichkeit ausgeschlossen war.

Da die kaiserliche Familie und der dazugehörige Hofstaat direkt über den Augustinergang von ihren Appartements in der Hofburg in die Augustinerkirche gelangten, in der die Hochzeit stattfand, war die kaiserliche Braut auch nicht in der Öffentlichkeit zu sehen. Aus diesem Grund gab es auch keinerlei Berichterstattung und vor allem keine Abbildungen des Brautkleides. Die Berichterstatter waren auf ihre Fantasie und die gängigen Modetrends angewiesen, daher können die bekannten Darstellungen nicht als unmittelbare Quelle herangezogen werden.

Die berühmten Ballkleider wie jenes von Charles Worth, das durch das berühmte Porträt Franz Xaver Winterhalters allgemein bekannt ist, bestand aus mehreren Schichten feinsten Tülls, der bei seiner Herstellung wundervoll luftig und zart ist, im Laufe der Jahre jedoch brüchig wird. Kaum ein Kleid aus dieser Zeit, der Mitte des 19. Jahrhunderts, als Tüllkleider besonders *en vogue* waren, haben bis heute überlebt – so auch nicht das berühmte Sternenkleid der Kaiserin. Da ihre Ballroben durchwegs aus den feinsten Stoffen gefertigt waren, haben sich überhaupt nur ganz wenige Kleider bis heute erhalten. Selbst Stoffe, die gut aufbewahrt wurden, wurden mit der Zeit brüchig. Sie wurden bei jeder Berührung durch den natürlichen Film auf der menschlichen Haut beschädigt und zersetzten sich langsam. Licht, Staub, Feuchtigkeit und andere Faktoren trugen zum Zersetzen bei.

Andere Kleider der Kaiserin wurden als Geschenke an Hofdamen oder Verwandte weitergegeben, sie wurden in der Regel umgearbeitet, da kaum jemand über eine solche Wespentaille wie die Kaiserin verfügte. Durch die Erweiterung und andere modischen Anpassungen wurden sie jedoch mitunter so stark verändert, dass sie kaum mehr als Kleider der Kaiserin erkennbar sind beziehungsweise als solche gelten können.

Historisch authentische Rekonstruktionen

Aus diesem Grund wurden in den letzten Jahren die bedeutendsten Kleider nach historischen Vorlagen detailgetreu und mit authentischen Materialen rekonstruiert und können nun erstmals einer breiten Öffentlichkeit präsentiert werden. Sie erzählen nicht nur die außergewöhnliche Lebensgeschichte Elisabeths, sondern dokumentieren vor allem die wichtigsten Zäsuren und Momente ihres Lebens, aber auch ihre besonderen Eigenschaften und ihre vielschichtige Persönlichkeit und ermöglichen damit einen spannenden neuen Blick auf die charismatische Kaiserin.

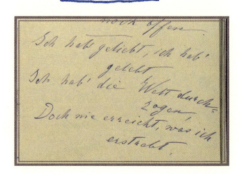

Ich hab geliebt, ich hab gelebt
Ich hab die Welt durchzogen
Doch nie erreicht, was Ich erstrebt

Mónika Czédly – Salon D'Elia

Seit Ferenc D'Elia im Mai 1886 seinen Modesalon in der Dorottya-Straße 8 neben der Konditorei Gerbeaud eröffnete, ist die Familie in Budapest in der Modebranche tätig. Die Kundschaft stammte vorwiegend aus aristokratischen Kreisen, auch Königin Natalia von Serbien und nicht zuletzt Königin Elisabeth kauften im Familiengeschäft ein. Die Tradition hat sich über mehrere Generationen bis zu Mónika D'Elia, verh. Czédly, fortgesetzt, die 2001 nach Gödöllő übersiedelte und dort den Salon D'Elia eröffnete, der auf Fest- und Hochzeitsroben spezialisiert ist.

Schon als Kind hatte Mónika Czédly immer wieder das Krönungskleid Königin Elisabeths gezeichnet, das sie stark beeinflusste und dessen Details sie auch immer wieder in ihren eigenen Entwürfen aufgriff. 2004 begann sie mit ihren Recherchen zum historischen Krönungskleid Kaiserin Elisabeths, das sie bei ihrer Krönung am 8. Juni 1867 getragen hatte. Aus den verbliebenen Teilen des originalen Kleides rekonstruierte sie schließlich das Krönungskleid, das am 8. Juni 2017 zum 150. Krönungsjubiläum in Schloss Gödöllő erstmals der Öffentlichkeit präsentiert wurde. Mehrere Auszeichnungen und das große Interesse führten dazu, dass Mónika Czédly ihre Forschungen zu den originalen Schnitten, Stoffen und Dekorationen für weitere bekannte Kleider der Kaiserin Elisabeth fortsetzte. Da authentische Materialien für den Gesamteindruck entscheidend sind, und nur mit historisch adäquaten Stoffen eine Vorstellung von den Kleidern der Kaiserin vermittelt werden kann, war die Suche danach wesentlich. So konnte Mónika Czédly in den vergangenen Jahren historisch authentisches Material für mehrere Kleider finden und damit mittlerweile zwanzig detailgetreue Rekonstruktionen nach historischen Vorlagen anfertigen, die nun erstmals vollständig der Öffentlichkeit präsentiert werden können.

Mónika Czédly – Salon D'Elia
Textiltechnik und Modedesign,
Odray János utca 8,
Gödöllő 2100
www.delia.hu

Ungarn

„Ich bin ein Sonntagskind,
ein Kind der Sonne"

Winterlieder, 1887

*Elisabeth, Herzogin in Bayern, Historische Fotografie von Alois
Löcherer 1852/53.*

Kariertes Taftkleid mit weißer Spitzenbluse, dazu blumengeschmückter Strohhut. Rekonstruktion nach historischer Fotografie von Alois Löcherer 1852/53, Mónika Czédly, Salon D'Elia.

Elisabeth, Herzogin in Bayern

Mädchenjahre einer Kaiserin

Als Elisabeth Amalie Eugenie, Herzogin in Bayern, am Weihnachtsabend 1837 in München geboren wurde, ahnte niemand, welch glänzendes, zugleich aber unglückliches Leben die Wittelsbacher Prinzessin einmal führen sollte. Als drittes von acht Kindern von Herzog Max in Bayern war ihre kaiserliche Zukunft nicht vorauszusehen gewesen. Ihre Mutter Ludovika von Bayern entstammte als Tochter des Bayerischen Königs zwar der königlichen Linie der Wittelsbacher, da sie jedoch einen politisch unbedeutenden und nicht gerade vermögenden Cousin aus einer Seitenlinie der Wittelsbacher geheiratet hatte, gehörten ihre Töchter nicht zum Kreis der vornehmsten deutschen Prinzessinnen und galten nicht gerade als potenzielle Kandidatinnen, um in eine regierende royale oder gar imperiale Dynastie einzuheiraten. Dementsprechend war die Kindheit der Geschwister weniger von Protokoll, Zeremoniell und höfischer Etikette geprägt. Sisi, wie Elisabeth in der Familie genannt wurde, wuchs unbekümmert und unbeschwert zwischen München und dem Sommersitz der Familie in Unterwittelsbach und später Possenhofen auf und führte das unspektakuläre Leben eines adeligen Mädchens, das einmal einen Grafen oder Herzog heiraten würde.

Fischen und Bergsteigen in „Possi"

Sisi hatte zwar kein inniges Verhältnis zu ihrem Vater, war ihm aber in vielem ähnlich. Der volkstümliche Herzog liebte die Natur und war ein passionierter Reiter und Reisender. Sisi genoss vor allem die Sommermonate in

„Possi", wie Possenhofen in der Familie genannt wurde, wo sie mit ihren Geschwistern die meiste Zeit im Freien verbrachte. Dieses ausgelassene Privatleben war möglich, da ihr Vater keine offizielle Funktion am Münchner Hof hatte und ein Leben nach seinen Vorstellungen führen konnte.

Die Kinder galten als schlecht erzogen, da sie eher mit den Bauernkindern aus der Nachbarschaft als mit Adeligen spielten und bayerischen Dialekt sprachen. Die Ehe der Eltern war nicht glücklich, die Interessen und das Temperament der beiden waren zu unterschiedlich. Ludovika kümmerte sich mit Hingabe um ihre Kinder, Herzog Max hielt hingegen wenig von trautem Familienleben und verbrachte die meiste Zeit mit seinen Geliebten und unehelichen Kindern – und seinen Hobbys: Reisen, Musik, gesellige Runden im bürgerlichen Freundeskreis, Kegelabende und Zirkusvorführungen. Mit 27 000 Büchern hatte er eine der umfangreichsten Privatbibliotheken seiner Zeit und sammelte auch Volksliedstücke. Aber auch wenn er kein ständig präsenter Vater war, prägte Herzog Max seine Kinder in vieler Hinsicht. Sie lernten von ihm die Liebe zur Natur und die Freude an körperlicher Bewegung, was vor allem für adelige Mädchen damals absolut unüblich war. Während andere Mädchen ihres Alters und Standes sticken, nähen, tanzen, musizieren, Fremdsprachen und Konversation lernten, tollten Sisi und ihre Geschwister im Sommer den ganzen Tag im Freien herum und gingen reiten, schwimmen, fischen, rudern und bergsteigen. In den Augen der Wiener Hofgesellschaft galten die Kinder daher als verwildert. Sie hatten keine höfischen Umfangsformen. Besonders schockiert zeigten sich die Hofdamen offenbar von den lockeren Tischsitten. So berichtete Pauline „Paula" Gräfin Bellegarde, später verheiratete Königsegg, nach einem Besuch in Possenhofen entsetzt über die: „… Herzogin (Anm.: Ludovika), die mit ihren Hunden lebt, stets welche auf dem Schoß neben sich oder unterm Arm hat und auf den Eßtellern Flöhe knax t! Die Teller werden aber gleich gewechselt!"[2] Weniger schockiert zeigte sich allerdings einige Jahre später Elisabeths Hofdame Marie Gräfin Festetics: „Das Haus ist einfach, aber gut geführt, sauber, nett, gute Küche, ich fand keinen Prunk, es ist alles wohltuend altmodisch, aber vornehm und nichts von einer Bettelwirtschaft wie meine Colleginnen von einst und jetzt vorerzählten."[3]

————— ✴ —————

Schloss Possenhofen am Starnberger See.

„Kein einzig hübscher Zug"

Die Fotografie von Alois Löcherer, die 1852/53 entstand, zeigt die damals knapp 15-jährige Sisi ein paar Monate, bevor sie im Sommer 1853 ihren Cousin und späteren Ehemann, Kaiser Franz Joseph, kennenlernen sollte. Sisi galt damals nicht als Schönheit, selbst ihre Mutter behauptete, dass sie „keinen einzigen hübschen Zug"[4] habe. Das Foto, das die noch kindliche Prinzessin in einem einfachen Kleid zeigt, offenbart in der Tat noch wenig von der später gefeierten Schönheit der Kaiserin. Das Kleid steht in seiner Schlichtheit einerseits stellvertretend für die wenig glamouröse Jugend der späteren Kaiserin in ihrer bayerischen Heimat, andererseits aber auch für ihren unangepassten und unprätentiösen Charakter. Es ist demnach absolut charakteristisch, dass Sisi nicht in einem hübschen hellen Seidenkleid fotografiert wurde, sondern in einem einfachen ländlichen Kleid aus robustem Stoff, das man auch tragen konnte, wenn man sich viel im Freien aufhielt. Sisi war keine artige, angepasste Prinzessin, sondern ein romantisch und melancholisch veranlagtes Mädchen, das aber gleichzeitig auch durch Sportlichkeit, Mut und vor allem wenig Sitzfleisch auffiel. Damit entsprach sie nicht dem gängigen Bild einer adeligen Heiratskandidatin. Insofern steht das Kleid stellvertretend für Elisabeths unangepassten Charakter, der sich in der außergewöhnlichen Kleiderwahl für ihre erste Fotografie manifestiert. Umso überraschender war die Wahl Kaiser Franz Josephs, seine Cousine Sisi zu seiner Kaiserin zu machen. Als Sisi und ihre Schwester Néné 1853 zum Geburtstag des Kaisers nach Bad Ischl eingeladen wurden, ahnten sie nicht, was der eigentliche Hintergrund der Familienfeier im größeren Kreis war. Franz Joseph sollte sich verloben, da er jedoch schon mehrere Heiratskandidatinnen abgelehnt hatte und es nicht mehr viele katholische Prinzessinnen gab, die infrage kamen, beschloss Franz

Josephs Mutter, Erzherzogin Sophie, die Töchter ihrer Schwester Ludovika einzuladen. Die Familienmitglieder hatten einander lange nicht gesehen. Das letzte Mal waren Franz Joseph und seine Cousinen noch Kinder gewesen. Um das Treffen so unverfänglich wie möglich zu gestalten, lud Sophie beide Nichten ein – Franz Joseph sollte die Wahl haben. Und er traf sie in dem Moment, als er seine Cousinen begrüßte. Es war tatsächlich Liebe auf den ersten Blick, und Franz Joseph informierte seine Mutter umgehend: Sisi sollte seine Frau werden und keine andere. Gerade ihre stille, bescheidene und anmutige Art hatte ihn gefangen genommen. Sisi war völlig überrascht und zeigte sich geschmeichelt und erfreut. Noch realisierte sie nicht, wie sich ihr Leben damit von einem Moment auf den anderen ändern sollte.

„Alle Herzen rufen laut, Gott segne uns're Kaiserbraut"

*Inschrift auf dem Triumphbogen am
Landungssteg in Nussdorf*

*Ankunft der kaiserlichen Braut Elisabeth Herzogin in Bayern in
Nussdorf, kolorierte Lithografie Vinzenz Katzler, 1854.*

Rosafarbenes Seidenkleid mit weißer Spitzenmantille,
Rekonstruktion Mónika Czédly, Salon D'Elia.

Die Ankunft der Kaiserbraut

„... eroberte im Fluge alle Herzen"

Am 20. April 1854 verließ Sisi, begleitet von ihren Eltern und den Geschwistern Ludwig und Néné, München. An der österreichischen Grenze wurde ihr Donaudampfschiff von einer österreichischen Deputation empfangen und nach Linz begleitet, wo sie übernachteten. Um seine Braut zu überraschen, war Franz Joseph ihr entgegengefahren und verbrachte den Abend mit ihr, worüber sie sich sehr freute. Um sie offiziell in Wien empfangen zu können, reiste er am nächsten Morgen bereits um 4 Uhr 30 früh wieder nach Wien, wo er sie an der Anlegestelle in Nussdorf erwartete. Sisi und ihre Familie waren in Linz in das mit Rosen geschmückte Dampfschiff *Franz Joseph* umgestiegen. Die Kajüte der Braut war mit rotem Samt ausgekleidet, des Deck war in einen blühenden Garten verwandelt worden und hatte sogar eine Rosenlaube, in die sich Elisabeth zurückziehen konnte. Die Schiffswände waren mit Rosengirlanden geschmückt, die bis zum Wasser reichten. Der gesamte Schiffsverkehr war an diesem Tag untersagt, und die Ufer waren von Zigtausenden Schaulustigen gesäumt, die ihre neue Kaiserin bejubelten. Am 22. April erreichte der Brautzug gegen 16 Uhr Nussdorf, wo Sisi von Franz Joseph, der gesamten kaiserlichen Familie, allen Würdenträgern des Reiches, der führenden Aristokratie sowie Vertretern der Gemeinde Wien empfangen wurde. Alexander Graf Hübner schilderte den Moment, an dem die kaiserliche Braut in Nussdorf an Land ging: „... Die Prinzessin, groß, schlank, von majestätischer Haltung und klassischen Zügen, obwohl fast noch ein Kind, eroberte im Fluge alle Herzen."[5]

16jährig

Der verliebte Bräutigam

Für großes Aufsehen sorgte aber auch der Kaiser, der ausnahmsweise gegen die Etikette verstieß, unmittelbar, nachdem das Schiff angelegt hatte, an Deck stürmte und seine Braut herzlich umarmte und küsste. Damit war aller Welt klar: Dies war keine arrangierte Heirat, sondern eine Liebesheirat, und der junge Kaiser scheute sich auch nicht, seine Verliebtheit offen zu zeigen. Die Presse schilderte: „… die Szene wird allen denjenigen, welche so glücklich waren derselben beizuwohnen, niemals aus dem Gedächtnisse schwinden. Denn kaum hatte sich die Brücke gesenkt, so schwang sich der Kaiser mit der ihm eigentümlichen Lebendigkeit an Bord der *Franz Joseph* hinüber, sprang die auf das Verdeck führenden Stufen rasch hinan und drückte einen Kuß auf die Stirne seiner mit allen Reizen der Jugend und Anmuth strahlenden Braut. Dieser ergreifende Moment, wo der mächtige Beherrscher Österreichs, der Erbe so vieler Kronen, sich über die Schranken der Etiquette hinwegsetzend, blos dem zarten Drange seiner Neigung folgte, brachte auf die Gesammtheit der Anwesenden einen unbeschreiblichen Eindruck hervor. Man vergaß bei diesem Anblicke über den glücklichen Bräutigam ganz den Monarchen."[6]

Elisabeth trug ein blassrosa Satinkleid mit einer weißen Spitzenmantille und beeindruckte die neugierige Menge mit ihrem bescheidenen Auftreten und ihrer natürlichen Haarpracht, die besonders hervorgehoben wurde. Da sie nicht mit strahlender Schönheit, Eleganz und mondänem Auftreten beeindrucken konnte, setzte Elisabeth mit ihrem mädchenhaften Kleid bewusst auf ihr großes Plus: jugendlichen Charme. Ihr zurückhaltendes, ungekünsteltes und natürliches Auftreten sollte ihre Stärken – Anmut und Grazie – betonen.

Blühender Empfang

Elisabeth war nach der tagelangen Reise sicherlich erschöpft. Immerhin hatte sie die meiste Zeit an Deck verbracht und der begeisterten jubelnden Menge entlang der Ufer beinahe ununterbrochen gut sichtbar mit einem großen weißen Taschentuch zugewinkt. Nun nahm sie neben ihrer Tante und künftigen Schwiegermutter in einer Kutsche Platz und fuhr nach Schönbrunn – auch dieser Weg war von einer jubelnden Menge gesäumt. Die Ankunft in Schönbrunn war liebevoll vorbereitet: Das gesamte Schloss und der Ehrenhof waren mit Tausenden Blumen, Blumengirlanden und Festons geschmückt und boten Sisi wahrlich einen märchenhaften Einzug. Dennoch war der Einzug gleich ein erster Härtetest. Elisabeth war trotz aller Vorbereitungen auf das enorme Interesse, die Menschenmenge und den erwartungsvollen Jubel nicht gefasst und reagierte eher verunsichert als geschmeichelt. Dennoch machte sie – vielleicht gerade deswegen – einen guten ersten Eindruck. Auch der feierliche Einzug der Kaiserbraut in die Hofburg am nächsten Tag

war pompös inszeniert. Alle Augen waren auf sie gerichtet. Auch wenn sie vorerst „nur" bejubelt und bestaunt wurde, wurde ihr langsam bewusst, was ihr Status als Kaiserin künftig bedeuten würde.

Das Kleid der kaiserlichen Braut dokumentiert eine wichtige Zäsur im Leben Elisabeths. Die junge bayrische Prinzessin war einerseits sicherlich beeindruckt von der Pracht und dem jubelnden und herzlichen Empfang, gleichzeitig nahm sie zum ersten Mal wahr, wie viele und hohe Erwartungen in sie gesetzt wurden, was sie auch verängstigte.

Die Ankunft der kaiserlichen Braut in Nussdorf am 22. April 1854, Lithografie von Vinzenz Katzler, 1854.

*Der feierliche Einzug der Kaiserbraut in Wien am
23. April 1854, Xylografie aus* Illustrirte Zeitung.

„Ich bin erwacht in einem Kerker ..."

Elisabeth, 1854

Kaiserin Elisabeth im Efeuschmuck, Gemälde von Franz Schrotzberg, 1855.

Weißes Spitzenkleid, Rekonstruktion nach dem Gemälde Elisabeth im Efeuschmuck von Franz Schrotzberg, 1855, Mónika Czédly, Salon D'Elia.

Die junge Kaiserin

Hohe Erwartungen

Nach den Hochzeitsfeierlichkeiten kehrte langsam Alltag ein. Elisabeth bemühte sich, die in sie gesetzten Erwartungen zu erfüllen und es allen recht zu machen. Dass sie von Beginn an gegen die Bevormundung ihrer Schwiegermutter Erzherzogin Sophie zu kämpfen hatte, ist eine der hartnäckigsten Legenden rund um Kaiserin Elisabeth. Sophie nahm durchaus Rücksicht auf die Jugend der Kaiserin, hatte Verständnis für ihre Anpassungsschwierigkeiten und war von der Anmut und Ausstrahlung der jungen Kaiserin entzückt. Um ihr die Umstellung auf ihr neues Leben und ihre neue Heimat zu erleichtern, plädierte sie dafür, dass Sisis Geschwister auch nach der Hochzeit noch einige Wochen bei ihr blieben und sie damit ein vertrautes Umfeld hatte. In allen Briefen und selbst in ihren Tagebucheintragungen schwärmte sie von Sisi, lobte ihre natürliche Art und ihr bescheidenes Auftreten, das in der Öffentlichkeit gut ankam.

Vornehme Hofdamen

Doch Sophie machte einen entscheidenden Fehler: Im Bestreben, Sisi möglichst schnell an die Traditionen und Gebräuche des Wiener Hofes zu gewöhnen, entschied sie, dass ihre Hofdamen allesamt lang gediente, verdienstvolle Damen sein sollten – sprich durchwegs ältere Damen, die in ihrer Vornehmheit keinen Hehl daraus machten, dass sie Elisabeth für ungeeignet hielten. Sie ließen die junge Kaiserin spüren, dass sie aus keinem regierenden Haus stammte und damit eigentlich nicht würdig genug war, sie keine adäquate Erziehung genossen hatte und genau das, was ihrer Meinung nach von einer Kaiserin erwartet wurde, nicht erfüllen konnte: zeremoniöses Auftreten, huldvolle Konversation und höfisch geschulte Umgangsformen. Ihre Stärken – Natürlichkeit, Empathie, Herzlichkeit – waren nicht gefragt. Dieses unpassende und kontraproduktive Umfeld sorgte jedoch dafür, dass Sisi sich in ihrer neuen Rolle nicht nur unwohl fühlte, sondern auch nicht damit zurechtkam. Franz Joseph war dieses Leben dermaßen gewohnt, dass er sich gar nicht vorstellen konnte, welche Schwierigkeiten Sisi damit hatte, und zeigte daher wenig Verständnis. Sisi zog sich immer mehr zurück, ihre Melancholie, die sie schon als junges Mädchen begleitet hatte, nahm zu. Bereits kurze Zeit nach ihrer Hochzeit dichtete sie: „Ich bin erwacht in einem Kerker, und Fesseln sind an meiner Hand. Und meine Sehnsucht immer stärker – und Freiheit! Du mir abgewandt!"[7]

Erste Krise

Doch niemand reagierte auf die offensichtliche Überforderung der jungen Monarchin. Nach drei Geburten und vor allem dem tragischen Tod ihrer erst zweijährigen erstgeborenen Tochter Sophie stürzte Sisi in eine tiefe Krise. Hinzu kamen nun erstmals auch tatsächliche Zwistigkeiten mit ihrer Schwiegermutter, bei denen es um die Erziehung der Kinder ging. Sophie sah Sisis wichtigste Aufgabe in der Unterstützung des Kaisers. Dazu gehörten zahlreiche Reisen. Damit die Kinder während der Abwesenheit der Eltern in ihrer Nähe sein konnten, entschied Sophie kurzerhand, die Kinderzimmer neben ihr Appartement zu verlegen. Auslöser war der Umzug des Kaiserpaares, deren Appartements sich bis dahin ebenso wie jene Sophies – und die Kinderzimmer – im Leopoldinischen Trakt der Hofburg befunden hatten. Nun siedelte Franz Joseph in den Reichskanzleitrakt, Sisi in die daran anschließende Amalienburg. Die Kinder sollten jedoch im Leopoldinischen Trakt in der Nähe ihrer Großmutter bleiben. Das war eine Entscheidung, die Sisi nicht einfach hinnehmen konnte und wollte. Sie war zwar keine begeisterte Mutter und verbrachte nicht auffallend viel Zeit mit ihren Kindern, dass sie sie jedoch im Appartement ihrer Schwiegermutter besuchen musste, ging ihr dann doch zu weit. Die einzige Möglichkeit für eine Kaiserin, dieser belastenden Situation zu entfliehen, war eine Krankheit. Vor diesem Hintergrund ist ihre De-facto-Flucht nach Madeira im Winter 1860 zu sehen. Die Quellen belegen, dass Elisabeth nicht an einer gefähr-

Flucht aus "goldenem Käfig"

lichen Lungenerkrankung litt, sondern die Krankheit der einzig offiziell mögliche Vorwand für eine Auszeit und längere Abwesenheit vom Wiener Hof und den damit verbundenen Verpflichtungen war. Dieser Auslandsaufenthalt, den Elisabeth auf beinahe zwei Jahre ausdehnte, führte zu einer großen Veränderung: Elisabeth entwickelte sich in dieser Zeit vom unsicheren, schüchternen jungen Mädchen zu einer schönen, stolzen und selbstbewussten Frau.

Das mit frischem Grün geschmückte weiße Spitzenkleid stellt einen Modetrend dar, der sich einige Jahre halten sollte. Kleider oder die Frisur mit frischen Blumen zu verzieren, war in den 1850er- und 1860er-Jahren der Inbegriff für dezente Eleganz und Luxus zugleich. Mit der Wahl der Blüte oder einfachen Grüns wie im Fall des Efeuschmucks der Kaiserin konnte man viele Botschaften aussenden, und je exotischer die Blü-

te war, desto ausgefallener und elitärer war das Outfit. Blüten waren im Winter, wenn die Hofbälle stattfanden, eine exotische, luxuriöse und kostspielige Seltenheit. Sie mussten in Glashäusern gezüchtet beziehungsweise importiert werden, was sich nur die vermögende Oberschicht leisten konnte. Es ist charakteristisch für die junge Kaiserin, dass sie zu Beginn ihrer öffentlichen Auftritte auf Bescheidenheit und natürliche Eleganz setzte. Mit den Jahren wurde sie jedoch immer selbstbewusster, und das zeigte sich auch in ihren Outfits. Bereits in den 1860er-Jahren griff sie zu exotischen Blumen als Accessoire und Haarschmuck. So trug sie beim Hofball 1863 weiße Kamelien und rosafarbene Hyazinthen als „reichen duftenden Kranz der herrlichsten Blüten im Haar", 1865 zu ihrer weißen Robe als Haarschmuck zusätzlich zu einem Brillantdiadem frische Hyazinthen.[8]

Haarschmuck, Illustration aus der Zeitschrift Iris, *1864.*

„Seufzend von dem müden Haupte
nehm' die Krone ich herab ..."

Hofball, Winterlieder, 1887

Kaiserin Elisabeth in Gala, Gemälde von Franz Russ, 1859.

*Weißes Spitzenkleid mit roter, goldbestickter Samtcourschleppe, Rekonstruktion
nach dem Gemälde von Franz Russ, 1859, Mónika Czédly, Salon D'Elia.*

Die Last der Repräsentation

Das Hofkleid

Auf dem Wiener Kongress vom September 1814 bis zum Frühjahr 1815 wurde nach dem Sturz Napoleons nicht nur die politische Neuordnung Europas verhandelt und beschlossen, sondern wurden auch die neuen Machtverhältnisse geklärt. Unter der Leitung des österreichischen Staatskanzlers Metternich hatten sich die konservativen Kräfte durchgesetzt. Dies machte sich auch in der Mode bemerkbar. Die Französische Revolution hatte eine vorübergehende Zäsur in der Mode ausgelöst, frei fallende Kleider mit schmaler Silhouette hatten, von der Antike beeinflusst, die Empirezeit unter Napoleon beherrscht. Mit dem Biedermeier kehrte nun das Korsett zurück. Breite Schultern, eng geschnürte Taille und glockenförmiger Rock bestimmten wieder die Linie. Interessant ist, dass Frauen mit den voluminösen und bodenlangen Reifröcken zwar ihren Unterkörper verhüllen mussten – schon ein entblößter Knöchel galt als anstößig, die Beine als absolutes Tabu –, dafür waren die Abendkleider tief dekolletiert und gaben höchst freizügig den Blick auf Busen und Büste frei.

Der Wiener Hof, für den die Rückbesinnung auf die absolute Herrschergewalt des Kaisers und die Festigung der monarchischen Kräfte von entscheidender machtpolitischer Bedeutung war, bemühte sich, dies auch in seinem äußeren Erscheinungsbild darzustellen. Daher traten die Damen des Wiener Hofes betont konservativ und traditionell auf – auch in modischen Belangen. Runde Kleider mit voluminösen Reifröcken, üppige Rüschen und Volants sowie Häubchen und Hütchen galten als absolutes Muss. Dabei durften die Kleider der Habsburgerinnen nicht zu prunkvoll sein, sondern sollten für bescheidene Eleganz stehen. Zu prächtige Kleider, auffällige Accessoires oder gar Schminke waren tabu, galten als ordinär und wurden nur von Demi-monde-Damen verwendet.

„Im Geschirr"

In dieser Tradition steht auch das höfische Galakleid der Kaiserin, das sie bei öffentlichen Anlässen wie etwa Empfängen des Hofes trug und das ein wesentliches Element höfischer Kleider zeigt: die Courschleppe. Die als eigenständiges Kleidungsstück konzipierte Schleppe, die auf eine Neuerung Napoleons zurückgeht, wurde bei zeremoniellen Anlässen an das Kleid angehängt und war im Gegensatz zu den Kleidern aus schwerem, meist reich besticktem Stoff gefertigt.

Da Kleider mit Courschleppe bei Anlässen getragen wurden, die zu Elisabeths verhasstesten Pflichten zählten, steht dieses Kleid stellvertretend für ihre Rolle als Kaiserin, gegen die sie sich wehrte und schließlich auch durchsetzen sollte. Damit steht auch dieses Kleid als Symbol einer Zäsur in ihren Leben. Nachdem sie einige Jahre lang versucht hatte, die in sie gesetzten Erwartungen zu erfüllen, aber schon bald festgestellt hatte, dass sie kein Glück oder Zufriedenheit darin fand, entschied sie sich zu einem mutigen und radikalen Schnitt.

Der Auslöser sollte die dramatische psychische Verfassung ihres Sohnes Rudolf sein. Als sie nach längerer Abwesenheit wieder einmal nach Wien zurückkehrte, fand Elisabeth den sechsjährigen Kronprinzen dermaßen verängstigt und verhaltensauffällig vor, dass sie die Reißleine zog, die in ihrem berühmten Ultimatum an Kaiser Franz Joseph gipfelte. Am 27. August 1865 schrieb sie: „Ich wünsche, daß mir vorbehalten bleibe unumschränkte Vollmacht in Allem, was die Kinder betrifft. Ferner wünsche ich, daß, was immer meine persönlichen Angelegenheiten betrifft, wie unter anderem die Wahl meiner Umgebung, den Ort meines Aufenthaltes, alle Anordnungen im Haus p.p. mir allein zu bestimmen vorbehalten bleibt."[9] Damit setzte Elisabeth durch, über ihr Leben allein bestimmen zu können und künftig nur noch das Leben zu führen, das sie wollte – ohne Verpflichtungen, ohne Zwänge und ohne Erwartungen. Franz Joseph, der seine Frau über alles liebte, ließ sie ziehen und stand zu hundert Prozent hinter ihr. Damit erstickte er jegliche Kritik darüber, dass die Kaiserin sich ab nun weigerte, ihre Verpflichtungen zu erfüllen, und ein Privatleben ausschließlich nach ihren Vorstellungen führte.

„Oh, wie schön sie ist!"

Schah von Persien Nasir al-Din

Kaiserin Elisabeth in Gala, Gemälde von Franz Xaver Winterhalter,
1864/65.

Galakleid, weißes Seidenkleid mit sternförmiger Silberstickerei in Edelweißform auf Tüll, Rekonstruktion nach dem Gemälde Elisabeth in Gala von Franz Xaver Winterhalter, 1864/65, Mónika Czédly, Salon D'Elia.

Die Macht der Schönheit

„Das Sternenkleid"

Als die Kaiserin nach ihrer beinahe zweijährigen Abwesenheit 1862 an den Wiener Hof zurückkehrte, war eine tiefgreifende Verwandlung vor sich gegangen: Das anmutige, aber schüchterne und melancholische junge Mädchen hatte sich zu einer selbstbewussten, stolzen Schönheit gewandelt. Elisabeth hatte die Macht ihrer Schönheit erkannt und nutze sie nun ganz gezielt für ihre Interessen.

In Wien war man begeistert. Endlich war die Kaiserin wieder anwesend und bezauberte mit ihrer Eleganz und Schönheit nicht nur die Hofgesellschaft und Bevölkerung, sondern auch ausländische Gäste des Wiener Hofes. Legendär wurde ihre Begegnung mit dem Schah von Persien, als er anlässlich seines Besuches der Weltausstellung in Wien im Jahre 1873 bei der Vorstellung der Kaiserin gegen jede Etikette „Ah! Quelle est belle!"

(„Oh, wie schön sie ist!") ausrief. Wo immer sich die Kaiserin zeigte, war alle Aufmerksamkeit auf sie gerichtet. Das lag auch an ihren prachtvollen Kleidern, die sie nach ihren Vorstellungen anfertigen ließ. Zu den aufsehenerregendsten Kleidern zählt mit Sicherheit das sogenannte Sternenkleid, das sie auf dem wohl berühmtesten Porträt von ihr trägt, das Franz Xaver Winterhalter 1864/65 malte und welches die Kaiserin in Hofgala mit Diamantsternen im Haar zeigt.

Das Kleid ist Symbol für eine der wichtigsten Zäsuren im Leben der Kaiserin, denn es steht stellvertretend für ihre Emanzipation vom Wiener Hof, ihren erfolgreichen Kampf um Selbstbestimmtheit und die Realisierung eines unabhängigen, freien Lebens abseits des Wiener Hofes. Am Höhepunkt ihrer Schönheit beschloss sie, sich peu à peu aus der Öffentlichkeit zurückzuziehen und sich de facto zu weigern, weiterhin ihre Pflichten als

Kaiserin zu erfüllen. Umso mehr sorgten ihre seltenen Auftritte für Aufsehen, und auch ihre Garderobe wurde im Detail kommentiert.

Haute Couture aus Paris

Da das Kleid nicht erhalten ist, liefert das Porträt den einzigen Anhaltspunkt. Man vermutet, dass das ausladende schulterfreie Kleid mit kurzen Puffärmeln aus mehreren Lagen aus weißem Seidensatin und Tüll bestand, bei dem sternförmige Stickereien aus Silberlahn entweder unter einer lichtdurchlässigen Lage Tüll hindurchschimmerten oder darauf aufgenäht waren.[10]
Das Kleid wurde vermutlich bei Charles Frederic Worth, dem Begründer der Haute Couture in Paris, angefertigt. Da sich in den Aufzeichnungen des Wiener Hofes einige Rechnungen des berühmten Modeschöpfers befinden, ist belegt, dass er Kleider für die Kaiserin angefertigt hat. Ob darunter auch das berühmte Kleid war, das sie auf dem Porträt Franz Xaver Winterhalters trägt, ist jedoch nicht eindeutig feststellbar.
Der Engländer Charles Frederic Worth kam nach seiner Ausbildung in London nach Paris, wo er das Mannequin Marie Vernet

kennenlernte und heiratete. Für seine Frau designte er seine ersten Modelle, die sie in Gesellschaften trug und so für ihren Mann Werbung machte. 1858 machte er sich mit einem eigenen Modesalon in der Rue de la Paix 7 in Paris selbstständig und war der erste Schneider, der nicht nur auf Bestellung arbeitete, sondern Musterkollektionen anfertigte, die man besichtigen und dann daraus auswählen konnte. In den 1860er-Jahren avancierte er als bevorzugter Schneider der Kaiserin Eugénie von Frankreich zu einem der begehrtesten Modeschöpfer seiner Zeit und arbeitete nicht nur für die europäische Hocharistokratie, sondern lieferte seine Roben bis nach Amerika. Als erster Couturier versah er seine Werke mit einem Etikett mit seinem Namen und gilt somit als Erfinder des Modelabels. Berühmt war Worth vor allem für seine besondere Technik, die Roben gekonnt besonders körpernah an den Körper seiner Kundinnen anzupassen – eine Technik, die Kaiserin Elisabeth besonders entgegenkam. Auch seine späteren Neuerungen wie der ovalen statt der runden Krinoline, mit der sich die Silhouette der Damen enorm veränderte, sowie die geradezu schockierende Neuerung, den Rocksaum auf Knöchellänge zu kürzen, übernahm Elisabeth begeistert. Über die Jahre bestellte Elisabeth immer wieder bei Worth, wobei es sich durchwegs um kostbare Roben gehandelt haben muss. Da ein Kleid bei Worth durchschnittlich um die 1600 Francs kostete[11], sprechen die 6810 Francs 1872, die 4475 Francs 1874 und die 3698 Francs 1876 für aufwendige Gala- und Ballkleider.[12] Eine Rechnung fällt dabei besonders ins Auge so erhielt Worth 1873 sage und schreibe 34 098 Francs – umgerechnet ca. 170 000 Euro[13] – eine exorbitante Summe, auch wenn Kaiser Franz Joseph knapp 10 000 Gulden aus seiner Privatkasse „dazuschoss".[14] Ob es sich dabei um eine größere Bestellung, Sammelrechnung oder ein außergewöhnlich kostspieliges Kleid handelte, geht aus den Aufzeichnungen leider nicht hervor.

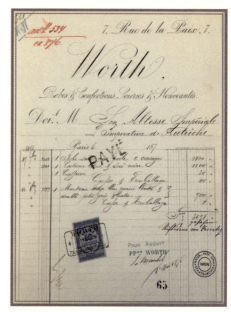

Rechnung des Ateliers Worth vom Mai 1876 für ein perlgraues Satinkleid mit zwei Corsagen, ein schwarzes Kostüm aus Wolle und Seide, eine Kopfbedeckung und einen blauen Mantel mit Otterfellbesatz.

König der Tüllwolken und schimmernden Aura

Da bei Porträts aristokratischer Frauen Mode eines der wenigen Ausdrucksmittel war, standen Maler, die sich darauf spezialisiert hatten, hoch im Kurs. Der Maler, der diese Kunst besonders beherrschte und zur Vollendung führte, war der aus dem Schwarzwald stammende Porträtmaler Franz Xaver Winterhalter. Kein anderer Maler seiner Zeit konnte feine Stoffe, leuchtende Seide, luftigen Tüll, zarte Spitze, funkelnde Diamanten und schimmernde Perlen so virtuos auf Leinwand bannen wie er. Studien in seinem Nachlass belegen, dass er sich intensiv mit Stofflichkeit und Faltenwurf auseinandersetzte. Hinzu kamen sein Talent, Gesichtsausdruck, Haltung und Ausstrahlung authentisch und charaktervoll umzusetzen, sowie sein Gespür für Pose und Inszenierung. Vor allem hatte er aber auch einen Blick für die Vorzüge der dargestellten Damen, denen er wie mit Weichzeichner eine schimmernde Aura verlieh. Damit avancierte er zum begehrtesten Porträtmaler seiner Zeit und schuf unzählige Gemälde für die Hocharistokratie, darunter auch Porträts der englischen Königin Viktoria, der Zarentöchter Maria Alexandrowna und Olga sowie der französischen Kaiserin Eugénie. Sein Erscheinen in Wien sorgte daher für großes Interesse, und die Presse berichtete über Wochen hinweg über die mit Spannung erwartete Präsentation der angekündigten Gemälde des Kaiserpaares. Besonderes Interesse galt natürlich dem Porträt der Kaiserin.

„... blendend schön"

Dass Elisabeth das Kleid nicht nur im Atelier Winterhalters, das extra für die Anfertigung der Porträts in Schönbrunn eingerichtet wurde, sondern auch bei repräsentativen Anlässen trug, ist belegt. So beschrieb ihre Schwiegermutter Sophie die Kaiserin in einem Brief aus dem Jahr 1863 anlässlich ihres Erscheinens bei einem Ball der Familie Pallavicini: „... deliciös in einem leichten weißen Kleid mit Sternchen in mattem Silber durchwirkt u. in den Haaren die diamantenen Sterne, die ihr so gut stehen."[15] Auch beim Hofball des Jahres 1864 machte sie mit dem Kleid Furore, und in der führenden Modezeitschrift der Monarchie *Iris* war zu lesen: „Erst unlängst hatten wir Gelegenheit, das Zusammenwirken dieser Eigenschaften an der vollendet schönen Balltoilette Ihrer Majestät der Kaiserin von Oesterreich zu bewundern, die trotz kaiserlicher Pracht und höchster Eleganz sehr einfach erschien, und den Anblick majestätischer Vollkommenheit gewährte. Ein leichtes zartes Kleid von weißem Tüll, mit silbernen Sternen besät, umfloß in reichen Falten, die schlanke, erhabene Gestalt, und auf dem prachtvollen Haar lag in Kranzesform, ein Diadem von Brillanten. Der weiße Glanz der silbernen Sterne, und der der Brillanten, standen zu einander in schönster Harmonie, die das Auge angenehm fesselte, und von keiner Farbe gestört wurde. Selbst das Bouquet von frischen Blumen, in der Hand der hohen Frau, bestand nur aus weißen Blüten. Geschmückt war sie mit keiner andern Blume, als mit der der Jugend und der Schönheit. An dieser vollendeten Toilette haben wir wieder unsere Ueberzeugung gestärkt, daß eine gewisse Einfachheit die Grundlage des edelsten Geschmackes ist."[16] Zumindest noch ein weiteres Mal trug Elisabeth das Kleid, und zwar bei der Hochzeit ihres Lieblingsbruders Carl Theodor („Gackel"), der im Februar 1865 in Dresden Sophie von Sachsen heiratete, und auch hier sorgte sie für großes Aufsehen. Sisis Schwager, Erzherzog Ludwig Victor, berichtete seiner Mutter Erzherzogin Sophie nach Wien, Sisi sei „blendend schön, auch waren die Leute wie verrückt hier. Ich habe noch nie so einen Effekt machen sehen … Helene (Anm.: Sisis Schwester Néné) schlechter Abklatsch von der Kaiserin, auch Sternenkleid."[17] Selbst die Mutter der Braut war hingerissen und schrieb an eine Freundin: „Von der Begeisterung, welche die Schönheit und Liebenswürdigkeit der Kaiserin hier erregte, kannst Du Dir keine Vorstellung machen; noch nie sah ich meine ruhigen Sachsen in solcher Aufregung!"[18] Da sich die gesamte Hochzeitsgesellschaft und die Berichterstatter mehr für die schöne Kaiserin als für die Braut interessierten und Sisi dafür familienintern vielleicht auch kritisiert wurde, mit diesem prachtvollen Kleid der Braut quasi die Show gestohlen zu haben, erschien sie bei der zweiten Hochzeit ihres Bruders mit Marie José von Bra-

ganza einige Jahre später nicht mehr – obwohl sie sich mit ihr ausnehmend gut verstand. Zu ihrer Verteidigung sei jedoch angemerkt, dass Elisabeth das Kleid nicht am Tag der Hochzeit trug, sondern erst am Hofball anlässlich der Vermählung zwei Tage danach.

Diamantsterne

Die Kaiserin machte in dem Kleid Furore, vor allem die Accessoires, ihre berühmten Diamantsterne, mit der ihre kunstvolle Flechtfrisur geschmückt war, sorgten für großes Aufsehen und Begeisterung. In Kombination mit dem dazu passenden Haarschmuck bildete ihr Outfit ein auffallendes Gesamtkunstwerk, das bis heute ikonisch für die Kaiserin steht. Interessant ist dabei, dass Elisabeth nicht nur mehrere Sets von Diamantsternen besaß, sondern auch unterschiedliche Variationen von zwei Hofjuwelieren: eine Version in Form eines reinen Brillantsterns von Juwelier Rozet & Fischmeister am Kohlmarkt und zwei Varianten des Hofjuweliers A. E. Köchert am Neuen Markt – einmal mit und einmal ohne Perle. Dass Elisabeth das Kleid in Anlehnung an das Kostüm der Königin der Nacht, das sie bei einer Aufführung der Mozart-Oper *Die Zauberflöte* gesehen und bewundert hatte, anfertigen ließ, ist nicht belegbar. Interessant ist vielmehr ein Foto aus dem Jahr 1858, das Virginia Oldoini Contessa di Castiglione zeigt, die pikanterweise die Geliebte des französischen Kaisers Napoleon III. war. Die Contessa trägt darauf ein schwarzes Kleid von Charles Worth, das mit Sternen verziert ist, im Haar trägt sie Diamantsterne. Es ist gut möglich, dass sich Elisabeth, die bekanntlich Fotografien schöner Frauen aus aller Welt sammelte und dabei keinen Unterschied machte, ob es sich um eine Fürstin, Bürgerliche, Schauspielerin, Zirkusreiterin oder Edelprostituierte handelte, dieses Foto kannte und sich davon für ihre strahlende weiße Ausgabe inspirieren ließ. Es könnte natürlich auch ein Vorschlag Charles Worths gewesen sein, der die Idee des Kleides einige Jahre später in abgeänderter Form nochmals für die österreichische Kaiserin umsetzte und ihr auch die Idee für den schließlich durch sie weltberühmt gewordenen Haarschmuck in Form von Sternen oder auch Edelweiß als typisch österreichischer Alpenblume vorschlug. Denn es ist bekannt, dass sich die Damen auch hinsichtlich ihrer Accessoires von Worth beraten ließen und gerne seine Ideen übernahmen,

welcher Schmuck gut zu seiner Kreation passen würde.

Diamantstern, Entwurf A & E Köchert. Der k. u. k. Kammerjuwelier fertigte über mehrere Generationen Schmuckstücke für das Kaiserhaus an. Dazu gehörten auch mehrere Garnituren der berühmten Diamantsterne der Kaiserin Elisabeth.

Blüten statt Sterne?

In diesem Zusammenhang ist die bis heute aktuelle Diskussion um die Verzierung des Tüllkleides spannend: Stellen die Stickereien, wie zumeist vermutet, tatsächlich Sterne dar? Die grandiose diffuse Malweise Winterhalters macht ein eindeutiges Urteil schwierig. Eine genaue Untersuchung des Gemäldes legt eine ganz andere Interpretation nahe, wonach es sich nicht um eine einfache Silberstickerei in Form von Sternen handelte. Die Stickerei war wohl viel aufwen-

Schon Contessa Virginia Oldoini trug eine schwarze Variante des Sternenkleides von Charles Worth mit Diamantsternen als Haarschmuck.

diger, denn es handelte sich vermutlich um eine versetzt überlagerte Stickerei aus Silberlahn und hatte damit eher die Form einer Edelweißblüte. Das Kleid stellt jedenfalls nicht nur eines der bekanntesten, sondern auch eines der bedeutendsten Kleider der Kaiserin dar, da es den Beginn ihres Rückzugs vom Wiener Hof und ihren Verpflichtungen als Kaiserin von Österreich markiert beziehungsweise den Beginn eines selbstbestimmten Lebens abseits des Kaiserhauses.

Detail der Silberstickerei.

Cremefarbener Spitzenfächer der Kaiserin.

„Die schöne Vorsehung"

Gyula Graf Andrássy über Kaiserin Elisabeth

Kaiserin Elisabeth in ungarischem Hofkleid,
anonymes Gemälde, 1854.

Ungarisches Hofkleid mit rosarotem, silberbesticktem Rock, schwarzem Samtoberteil mit Perlenschnürung und weißer Spitzenschürze, Rekonstruktion nach einem anonymen Gemälde, 1854, Mónika Czédly, Salon D'Elia.

Königin Elisabeth

Erzsébet kiralyné

Mit ihrer Hochzeit wurde Elisabeth nicht nur Kaiserin von Österreich sondern auch Königin von Ungarn. Von ihrer Schwiegermutter Erzherzogin Sophie erhielt sie daher unter anderem auch ein ungarisches Abendkleid mit einem rosa Rock, einem mit Spitze verzierten schwarzen Samtkorsett und einer Spitzenschürze als Hochzeitsgeschenk. Elisabeth sollte darin als neue Königin die ungarische Delegation empfangen, und Sophie notierte in ihrem Tagebuch: „Sisi und der Kaiser in seiner Husarenuniform waren in der Tat ein schönes und anmutiges Paar."[19]

Die ungarische Tracht, die sich über Jahrhunderte immer wieder weiterentwickelt und der jeweils gültigen Mode angepasst hatte, konnte die formelle Hoftracht bei jeder Hofveranstaltung ersetzen. Die Tracht bestand aus einem korsettähnlichen Oberteil, das mit gekreuzten Perlenbändern verschnürt war, Puffärmeln, einem weiten Rock und einer kurzen Schürze. Vor allem im Zuge der Hochzeit wurde die junge Kaiserin auch in ungarischer Tracht als ungarische Königin porträtiert, um sie auch im Kronland Ungarn als neue Monarchin präsentieren zu können.

Elisabeth hatte sich mittlerweile gegen die Bevormundung ihrer Schwiegermutter hinsichtlich ihrer Hofdamen aufgelehnt und durchgesetzt. Bereits für ihren Aufenthalt auf Madeira suchte sie sich selbst die Palastdamen aus, die sie begleiten sollten: junge, unterhaltsame und hübsche Frauen. Ihre Lieblingshofdame der ersten Jahre, Caroline „Lilly" Hunyady, schwärmte ihr als Erste von ihrer ungarischen Heimat vor, ab 1863 lernte Elisabeth intensiv Ungarisch und holte 1864 ein junges Mädchen, das entgegen der höfischen Tradition nicht aristokratischer Herkunft war und damit nicht Hofdame werden konnte, als Vorleserin an den Wiener Hof: <u>Ida Feren-</u>czy. Die gleichaltrige Ida sollte ihre engste Vertraute und beste Freundin werden. Ida war – ob zufällig oder nicht, sei dahingestellt – auch eine Vertraute der ungarischen Politiker Gyula Graf Andrássy und Franz Deák und stellte den ersten Kontakt zu den beiden Abgeordneten im ungarischen Reichstag her. Elisabeth war von den beiden fasziniert, erstmals hatte sie geistreiche, charmante und bedeutende Gesprächspartner. Elisabeth empfand seit jeher große Zuneigung für das temperamentvolle und stolze ungarische Volk, das seit der Niederschlagung der Revolution von 1849 absolutistisch regiert wurde. Andrássy und Deák erkannten ihre Chance – mit Elisabeth gewannen sie großen Einfluss, denn sie wurde bald zu einer glühenden Fürsprecherin der ungarischen Interessen und zur großen Hoffnung der führenden ungarischen Vertreter, die erstmals seit Maria Theresia zu einem Mitglied der kaiserlichen Familie Vertrauen fassten. Plötzlich interessierte sich die Kaiserin für Politik und genoss es sichtlich, eine bedeutende Rolle zu spielen.

S. 44/45

Das Kleid steht demnach für Elisabeths wachsendes Selbstbewusstsein und ihre beginnende Liebe zu Ungarn. Zum ersten Mal hatte sie das Gefühl, etwas Bedeutendes beitragen und ihre Funktion und Stellung für etwas, das ihr am Herzen lag, einzusetzen zu können.

Kaiserin Elisabeth im Kreise ihrer Hofdamen auf Madeira.

da war Mami einmal alleine in den Ferien, kannte es wegen Sisi, fand es steil und steinig, rauh aber schöne Blumen und Pflanzenwelt

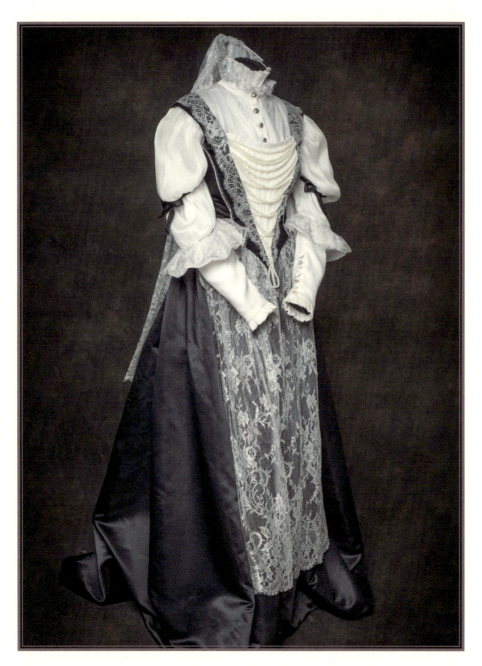

Festkleid Ida Ferenczys, das sie vermutlich bei der Krönung Elisabeths zur ungarischen Königin trug, Rekonstruktion nach einer originalen Fotografie aus dem Jahre 1866.

*Gyula Graf Andrássy war einer
der wichtigsten Ratgeber und engsten
Vertrauten der Kaiserin.*

man munkelt dass er evtl.
Geliebter von Sisi war. Es gibt
aber keine Belege dafür. Es
sei eher Middlton gewesen
der ihr Liebhaber war

„O Ungarn, geliebtes Ungarnland!"

Winterlieder, 1886

Kaiserin Elisabeth auf dem Pester Bürgerball, Illustration in der Illustrirten Zeitung, 24. 2. 1866.

Weißes mit Rosen besticktes Ballkleid, Rekonstruktion nach einer Xylografie und Beschreibung in der Illustrirten Zeitung, *1866, Mónika Czédly, Salon D'Elia.*

Charmeoffensive

Gespür für Symbolik

Das Verhältnis der Ungarn zum österreichischen Kaiserhaus war seit der Niederschlagung der Revolution 1849 gespannt. Die Anführer – allesamt Vertreter der ungarischen Hocharistokratie – waren entweder hingerichtet worden oder ins Exil gegangen. Die Bevölkerung hatte ihrem König nicht verziehen und war Franz Joseph gegenüber ablehnend und misstrauisch. Mit den Niederlagen Franz Josephs in den italienischen Provinzen Ende der 1850er-Jahre gewannen die Ungarn, die nach wie vor um ihre historischen Rechte und mehr Selbstbestimmung kämpften, immer mehr an Stärke. Die politische Situation war also kritisch, und der Besuch des Kaiser- und Königspaares in Budapest im Februar 1866 heikel. Doch Elisabeth hatte ein Gespür für Stimmungen, Situationen und Symbolik. Dass sie beim Empfang der ungarischen Delegation Ungarisch gesprochen hatte, hatte schon für große Überraschung und Begeisterung gesorgt. Der Ball hätte eigentlich die Verachtung der Ungarn für ihren König ausdrücken sollen, denn alle eingeladenen Aristokraten hatten abgesagt – Fürst Károly gab demonstrativ am gleichen Tag einen Ball, was natürlich ein bewusster Affront war. Man hatte nicht vergessen, dass Franz Joseph zu Beginn seiner Regierung 1848 die Revolution im Land blutig niedergeschlagen und die Anführer – durchwegs führende ungarische Aristokraten – hinrichten hatte lassen. Er war im Land verhasst, doch nun hatte

genau 100 Jahre vor Patricks Geburtstag
Patrick Geburtstag: 5. Februar 1966

er eine Chance: seine Gemahlin. Für den Bürgerball, der am 5. Februar 1866 stattfand, wählte sie eine Robe, die auf den ersten Blick schlicht wirkte, aber eine starke politische Aussage hatte. Denn das weiße Kleid war, wie die Zeitungen berichteten, mit roten Rosen und grünen Blättern, also in den ungarischen Nationalfarben geschmückt.[20] Das war ein für alle sichtbares klares Zeichen. Elisabeth eroberte damit in der Sekunde die Herzen der patriotischen Ungarn, die sofort reagierten und zeigten, dass die Königin mit dieser Geste das Misstrauen in Achtung verwandelt hatte – und so „legten die Damen, welche für das Paar die Gasse bildeten, der Monarchin ihre Bouquets zu Füßen nieder".[21] Elisabeth hatte damit das Eis gebrochen und ließ sich auf dem Ball auch nichts anmerken, war charmant, sprach Ungarisch und eroberte die Herzen der Ungarn im Sturm. Franz Joseph wurde zur Randfigur – war aber so intelligent zu verstehen, dass der Charme seiner Frau für die Rettung der Beziehung zum Kronland Ungarn entscheidend war. Er hielt sich klug zurück und überließ die Bühne seiner Gemahlin, die sich zum ersten Mal in ihrer Rolle wohl fühlte. In Ungarn ließ sie sich gerne einspannen. Hier fühlte sie sich geachtet

und bewundert – ganz im Gegensatz zur Wiener Gesellschaft, die von Beginn an Unbehagen in ihr ausgelöst hatte. Das Temperament, vor allem aber die Offenheit der Ungarn war das, was Elisabeth schätzte. Hier hatte sie nicht das Gefühl, dass sich alle servil vor ihr verneigten, um hinter ihrem Rücken sofort über sie herzuziehen. Die Sympathie war also beidseitig und sollte sich als Glücksfall für die angespannten Beziehungen erweisen.

„Umso dringender ist der Ausgleich mit Ungarn ..."

(Elisabeth in einem Brief an Franz Joseph am 21. März 1867)

Die Niederlage Franz Josephs in der Schlacht bei Königgrätz im Juli 1866 hatte die entscheidende Wende gebracht. Das österreichische Kaiserreich war politisch geschwächt und sah sich gezwungen, die ungarischen Forderungen nach mehr Selbstbestimmung ernst zu nehmen, um die Einheit der Monarchie nicht zu gefährden. Zu Beginn des Jahres 1867 übersiedelte Elisabeth mehr oder weniger nach Budapest. Sie sollte dort für gute Stimmung sorgen. In Wien war man empört: Die Kaiserin, die in Wien Auftritte gerne wegen

„Unwohlseins" absagte, war in Ungarn bester Laune und gesellschaftlich äußerst aktiv. Aber nicht nur das: Besonders negativ wurde in Wien bemerkt, dass die Kaiserin Ungarisch sprach, was in Ungarn wiederum äußerst positiv auffiel. Die Presse war sich sicher: Dass wieder Ungarisch bei Hof gesprochen wurde, war ausschließlich der Kaiserin zu verdanken.[22]

In Briefen beschwor sie Franz Joseph, die Verhandlungen mit Ungarn fortzuführen. Ungarn sollte wieder seine Verfassung und die alten historischen Privilegien erhalten. Dies war Voraussetzung für seine Krönung zum König, die mit einer Versöhnung gleichzusetzen war. Immer wieder betonte sie die Treue und Vertrauenswürdigkeit Andrássys als Vertreter der Anhänger eines Verbleibes Ungarns im Habsburgerreich. Sie drängte ihren Mann zum Ausgleich mit Ungarn und appellierte an ihn, auch im Interesse ihres Sohnes und der Zukunft der Monarchie zu handeln: „… zum letzten Mal bitte ich Dich im Namen Rudolfs, versäume diesen Moment nicht …"[23]

Gegen den Rat seiner Mutter und seiner Minister gab Franz Joseph den dringenden Bitten seiner Gemahlin nach und lud Gyula Andrássy am 17. Juli zu einem Gespräch ein. Damit war der Anfang gemacht, und Elisabeth hatte zweifellos großen Anteil daran, dass Franz Joseph schließlich den Ausgleich unterzeichnete.

„..... dass noch nie ein Land eine Königin hatte, die dies mehr verdient ..."

József Eötvös, ungarischer Dichter und Kultusminister

Kaiserin Elisabeth in ungarischem Festkleid, Fotografie von Emil Rabending, 1866.

Ungarisches Festkleid mit weißem Seidenrock, schwarzem Samtmieder mit Perlen-verschnürung und weißer Spitzenschürze, Rekonstruktion nach einer historischen Fotografie von Emil Rabending, 1866, Mónika Czédly, Salon D'Elia.

57

Die Macht der Bilder

Von Königgrätz nach Budapest

Erstmals setzte Elisabeth die Macht ihrer Schönheit ganz bewusst für politische Interessen ein. Eigentlich war sie an aktiver Politik wenig interessiert und mischte sich auch nur ein einziges Mal – aber das höchst erfolgreich – in die Regierungsgeschäfte ihres Mannes ein.

Bereits im März 1866 besuchte Elisabeth das Wiener Atelier von Emil Rabending, um sich in einem ungarischen Zeremonialkleid fotografieren zu lassen, da sie bislang noch nie in ungarischer Festtracht fotografiert worden war. Rabending porträtierte Elisabeth in einem weißen Seidenkleid mit einem Samtmieder, ihr Haupt ist mit einem Diadem geschmückt. Da die historisch entscheidende Niederlage gegen Preußen in Königgrätz, die den Ausgleich mit Ungarn zur Folge hatte, erst einige Monate später im Juli 1866 stattfand, war das Foto wohl gar nicht, wie bislang immer vermutet, als Krönungsfoto gedacht. Abgesehen davon, dass es bereits Mitte

März aufgenommen wurde, zeigt es keinerlei königliche Insignien, die auf eine Krönung hinweisen, und auch der Studiohintergrund ist neutral und dezent gehalten. Bei dem Kleid, das Elisabeth trägt, handelt es sich daher sicher nicht um das tatsächliche Krönungskleid, sondern wohl um ein bereits existierendes ungarisches Hofkleid. Im Katalog des seit 1945 nicht mehr existierenden Königin-Elisabeth-Gedenkmuseums in der Budapester Burg heißt es dazu: „Die Königin wurde am 8. Januar 1866 in Wien auf diese Weise gekleidet, als sie die Delegation beider Häuser des ungarischen Parlaments unter der Leitung von Kardinalprimas János Scitovszky empfing, der ihre Majestäten nach Buda einlud."[24] Es ist also durchaus wahrscheinlich, dass es sich bei dem Kleid auf der Fotografie Rabendings um genau dieses Kleid handelt.

„Tagtäglich wächst die Begeisterung"

Als Elisabeth quasi nach Budapest übersiedelte, um einerseits für eine möglichst gute Stimmung im Land während der Verhandlungen zu sorgen und andererseits alles in ihrer Macht Stehende zu unternehmen, ihren Mann zum Ausgleich zu bewegen, ließ sie sich ganz bewusst ein einziges Mal vom Wiener Hof für seine politischen Interessen einsetzen. Sie nahm an zahlreichen repräsentativen Anlässen teil, zeigte sich von ihrer besten und charmantesten Seite, und der ungarische Kultusminister Joszef Eötvös berichtete aus Budapest: „Tagtäglich wächst die Begeisterung. So fest ich daran glaube, dass noch nie ein Land eine Königin hatte, die dies mehr verdient, so sehr weiß ich, dass es noch niemals eine gab, die so sehr geliebt wurde."[25] Man merkte, dass sich die Kaiserin in ihrer Rolle als Königin wohl fühlte und ihr die Unterstützung der ungarischen Interessen tatsächlich eine Herzensangelegenheit war.

Ungarische Festrobe

Den Beschreibungen der Presse zufolge trug sie bei ihren Auftritten mehrmals dieselbe ungarische Festrobe, die besonders pompös war. Dabei handelte es sich vermutlich um das Kleid, das sie bereits bei den Aufnahmen im Atelier des Fotografen Emil Rabending 1866 getragen hatte. Aber auch bei den Krönungsfeierlichkeiten im Juni 1867 sollte dieses Kleid zum Einsatz kommen. So berichtete ein scharfäugiger Journalist, dass das Zeremonialkleid, das sie am 6. Juni 1867 getragen hatte, jenes war, das sie bereits im Jahr davor angehabt hatte. Bei dem fälschlich immer wieder als ungarisches Krönungskleid bezeichneten Kleid, das auf der Fotografie Rabendings zu sehen ist, handelt es sich demnach um ein Fest-, aber kein Krönungskleid.

Dennoch steht das Kleid dafür, dass Elisabeth zweifellos großen, wenn nicht sogar entscheidenden Anteil daran hatte, dass Franz Joseph schließlich den verhandelten Ausgleich unterzeichnete, der Ungarn in eine gleichberechtigte konstitutionelle Monarchie verwandelte, die durch das gemeinsame Staatsoberhaupt in Person des österreichischen Kaisers mit der österreichischen Monarchie verbunden war. Damit waren anstelle des zentralistischen österreichischen Kaiserreiches zwei gleichberechtigte Reichshälften entstanden und war die österreichisch-ungarische Doppelmonarchie begründet.

„Überirdisch schön"

Hofdame Therese Fürstenberg über die
Königin bei der Krönung

Königin Elisabeth im ungarischen Krönungskleid, Gemälde von
Bertalan Székely 1869.

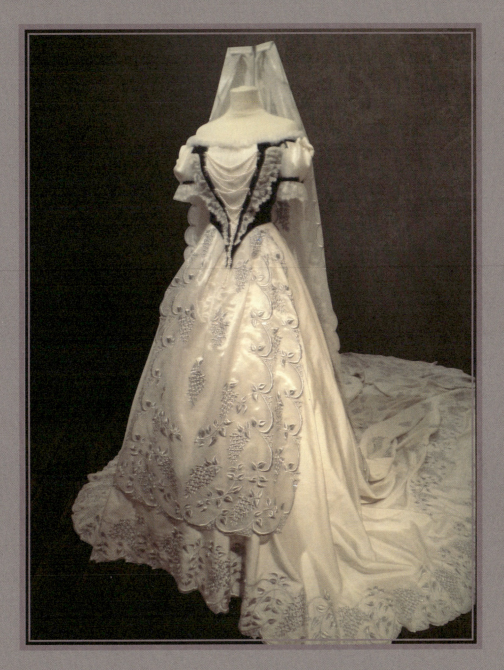

Ungarisches Krönungskleid, weißer Seidenrock mit Silberstickerei, schwarzes Samtoberteil mit Perlenverschnürung, Seidenschürze mit Silberstickerei, Rekonstruktion nach einem Gemälde Bertalan Székely 1869, Mónika Czédly, Salon D'Elia.

Die ungarische Krönung

Éljen királyné

Für die tatsächliche Krönung, die am 8. Juni 1867 in der Matthiaskirche neben der Budapester Burg auf dem Burghügel stattfand, wurde ein Festkleid anfertigt, das nur diejenigen zu Gesicht bekamen, die bei der Krönung anwesend waren. Die Budapester Zeitung *Pesti Hölgy-Divatlap* berichtete, die Königin habe gestrahlt „vor Charme und Licht. Sie war in weiße Seide gekleidet und hatte eine reichhaltige künstlerische Silberstickerei, die in der Form von verstreuten Holunderblüten funkelte, ähnlich geschmückt war die reiche Webkante. Auf der Vorderseite lief eine blendend breite Diamantenlinie herunter und ein langer, mit Diamanten besetzter Zug folgte der fürstlich schlanken Gestalt. Diamanten funkelten auch in ihren wunderschönen Zöpfen.

Detail der Silberstickerei in Form von Fliederblüten.

Das blendende Licht wurde durch eine außergewöhnlich schöne Diamantkette und eine mit Diamanten besetzte ungarische Spitzenschürze vervielfacht."[26] Andere Quellen beschrieben das Kleid aus silbernem und weißem mit Fliederblüten verziertem Brokat.[27]

Das „echte Krönungskleid mit Diamanten"

Immer wieder wurde in der Literatur der berühmte Pariser Modeschöpfer Charles Frederic Worth als Hersteller des Krönungskleides genannt,[28] neueste Forschungen sprechen allerdings dafür, dass nur die schwarze Samttaille des Kleides von ihm stammte und der Schöpfer des silbernen, reich bestickten Rocks, der Schürze und des Schleiers unbekannt ist.[29] Argumentiert wird diese Annahme damit, dass Elisabeth in der wirtschaftlich schwierigen Lage nach der Niederlage von Königgrätz kaum für die Anfertigung des Krönungskleides den teuersten Pariser Modeschöpfer auswählen hätte können. Dennoch war das Krönungskleid eines der kostbarsten Kleider, das Elisabeth jemals getragen hatte. So war der Rock in der Mitte jeder silbernen Fliederblütenstickerei mit einem funkelnden kleinen Brillanten besetzt. In Summe war das Kleid demnach mit Hunderten Brillanten geschmückt, und man kann das Glitzern und Funkeln des Kleides in der mit Tausenden Kerzen beleuchteten Matthiaskirche nur erahnen.

Für Elisabeth war der Krönungstag aber eher eine Tortur. Da es in Budapest extrem heiß war, graute ihr vor dem anstrengenden Programm, und sie schrieb an ihre Mutter in Possenhofen: „Eine furchtbare Plage, so von Früh angefangen in Schlepp und Diadem zu sein, fortwährend Empfänge, Cercle machen und dazu diese schreckliche Hitze …"[30] Die Krönungszeremonie begann bereits um sieben Uhr früh, dauerte den ganzen Tag und war sicher anstrengend. Dennoch war es für Elisabeth der Höhepunkt ihres politischen Lebens.

In die Schatzkammer von Veszprém

Am 12. Juni 1867 überreichte Elisabeth, der Tradition der Habsburger entsprechend, zeremonielle Kleider der dynastischen Wallfahrtskirche des Landes, János Ranolder, dem Bischof von Veszprém, und zwar den Rock des Kleides mit Schleppe und Schürze. Das kostbare Gewand wurde – so wie einige Jahre zuvor auch das Hochzeitskleid der Kaiserin in Maria Taferl – in liturgische Messgewänder umgearbeitet. Mithilfe dieser bis heute in Veszprém aufbewahrten Messgewänder sowie der authentischen Gemälde von Bertalan Székely und Mihály Kovács konnte 2017 eine authentische Kopie des Krönungskleides angefertigt werden.

„Die Kaiserin liebte auch ihrerseits die Ungarn ..."

Eugen Ketterl

Königin Elisabeth, Gemälde von Bertalan Karlovszky, um 1900.

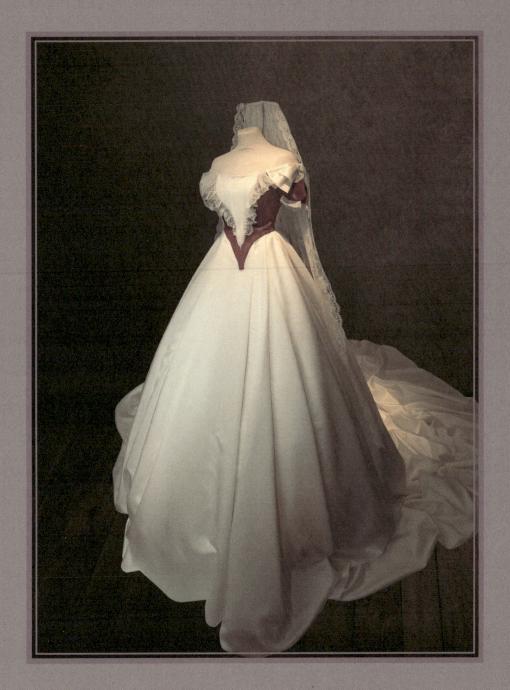

Rekonstruktion nach dem Gemälde von Bertalan Karlovszky, Mónika Czédly, Salon D'Elia.

65

Schloss Gödöllő

Schloss Gödöllő

Im Zuge der ungarischen Krönung ließ sich Elisabeth wiederholt in ungarischer Tracht porträtieren. Sie trug sie aber auch gerne bei ihren Aufenthalten in Ungarn – sei es in der Budapester Burg oder in ihrer ungarischen Privatresidenz Schloss Gödöllő. Das kleine Schloss befindet sich ca. dreißig Kilometer östlich von Budapest und wurde ursprünglich im 18. Jahrhundert von der ungarischen Magnatenfamilie Grassalkovich errichtet und gelangte nach ihrem Aussterben über Umwege in Besitz einer Bank. Nachdem Elisabeth nach einer Besichtigung Interesse an dem Schloss gezeigt hatten, wurde es vom ungarischen Staat angekauft und dem Königspaar als Krönungsgeschenk übergeben. Hier fühlte sich Elisabeth nicht nur wohl, sondern lange Zeit auch zu Hause. Ihr Appartement war in ihrer Lieblingsfarbe violett ausgestattet, zudem war eine Reitmanege errichtet worden. Hier konnte sie das Leben führen, das ihr zusagte. Als erklärte Privatresidenz galt hier nicht das strenge Zeremoniell wie in Wien oder Budapest, Elisabeth konnte den Tag so einteilen, wie es ihr beliebte, sie konnte sich mit Menschen umgeben, die ihr sympathisch waren – niemand musste nur aufgrund seiner Stellung oder Position eingeladen oder empfangen werden.

„Die Begeisterung der Magyaren kennt keine Grenzen ..."

In Gödöllő konnte Elisabeth endlich ungestört leben und ihrer Lieblingsbeschäftigung nachgehen: dem Reiten. 34 Reit- und 36 Wagenpferde standen ihr zur Verfügung, und von ihrem Appartement führte ein gedeckter Holzgang zu den Stallungen und in die Reitschule. Hier trainierte sie ihre Lieblingspferde Flick und Flock sowie zirkusreife Kunststücke, die sie gerne als Abendunterhaltung vorführte. Diese Zirkusvorstellungen, die von einer Zigeunerkapelle musikalisch begleitet wurden, fanden beinahe täglich statt. Wenn nicht die Zigeunerkapelle aufspielte, musste Elisabeths Hofdame Marie Festetics zu ihren Vorführungen Klavier spielen. Manchmal durfte auch Franz Joseph mitwirken, wie sich sein Kammerdiener Eugen Ketterl erinnerte: „Zu ihrem Oberbereiter Hüttemann sagte einmal Kaiser Franz Joseph: ‚Also die Rollen sind verteilt. Die Kaiserin tritt heute abend als Kunstreiterin auf. Sie reiten die hohe Schule und ich mach' euch den Stallmeister!'"[31]

Tagsüber fanden Reitjagden nach englischem Vorbild statt, und die Frau des belgischen Gesandten, Gräfin de Jonghe, schrieb: „Es soll großartig sein, sie an der Spitze aller Reiter und stets an den gefährlichsten Stellen zu sehen. Die Begeisterung der Magyaren kennt keine Grenzen mehr, sie brechen sich den Hals, um ihr näher zu folgen. In der Nähe der schönen Königin werden die Ungarn derart royalistisch, daß, so sagt man, wenn diese Jagden vor den Wahlen begonnen hätten, die Regierung große Ersparnisse gemacht hätte."[32]

Perfektes Ungarisch

Doch Elisabeth liebte nicht nur Gödöllő als Residenz, sondern hatte generell eine Vorliebe für Ungarn und alles Ungarische. Eugen Ketterl, der Kammerdiener Kaiser Franz Josephs, schilderte diese besondere Beziehung der Kaiserin zu Ungarn in seinen Memoiren folgendermaßen: „Die Kaiserin liebte auch ihrerseits die Ungarn, deren ritterliches Wesen, deren Vorliebe für Reiten, Pferde, feurige Tänze und schmachtende Zigeunerweisen und heiße Leidenschaft ihrem eigenen Fühlen und Sein so sehr entsprach, über alles."[33]

Die Kaiserin und Königin umgab sich am liebsten mit ungarischen Hofdamen, so verhasst ihr die Wiener Aristokratie war, der sie, wo sie konnte, aus dem Weg ging, so gern gesehen waren ungarische Adelige zu Gast. Gyula Andrássy und seine Gemahlin wurden zu engen Freunden, Elisabeth stand mit beiden in engem Kontakt, und als Andrássy starb, war sie tief betroffen, fühlte sich verlassen und klagte ihrer Tochter Marie Valerie, sie hätte mit ihm nicht nur ihren wichtigsten Ratgeber, sondern vor allem „ihren letzten, einzigen Freund" verloren.[34]

Elisabeth hatte zwar alle Sprachen der Monarchie gelernt, doch ihre

Ungarischkenntnisse gingen weit über die notwendigen Floskeln hinaus. Wieder wird ein Charakterzug der Kaiserin offensichtlich: Wenn sie sich etwas in den Kopf gesetzt hatte, verfolgte sie hartnäckig ihr Ziel, bis sie es erreicht hatte. Dazu zählte auch, dass sie perfekt Ungarisch sprechen wollte – und es schließlich wirklich schaffte, obwohl Ungarisch als eine der schwersten Sprachen überhaupt gilt. Dafür hatte sie viele Jahre gelernt und geübt und konnte schließlich nicht nur akzentfrei Ungarisch sprechen, sondern auch korrekt und gut formuliert schreiben, was ihr durchaus Hochachtung einbrachte.

„… ich fliege von Welle zu Welle …"

Doch so sehr sich Elisabeth für Ungarn eingesetzt hatte, das Land, die Sprache und vor allem das Temperament der Ungarn liebte, so verlor sie dennoch peu à peu ihr Interesse daran, sich für das Land stark zu machen. Dabei hatte sie das Vertrauen des Kaisers gewonnen, immer öfter sprach er auch mit ihr über Politik und legte Wert auf ihre Meinung. Als Franz Joseph eines Tages in ihr Zimmer kam, als sie ihre Griechisch-Stunde hatte, besprachen sie – damit ihr Leh-rer nichts verstand – politische Angelegenheiten auf Ungarisch. Nur die Namen ungarischer Politiker verrieten, dass es dabei um ungarische Politik gehen musste. Doch als Franz Joseph nach einer kurzen Unterredung mit seiner Frau das Zimmer wieder verließ, meinte sie zu ihrem Lehrer: „Jetzt habe ich mit dem Kaiser Politik getrieben. Ich möchte, ich könnte helfen, aber ich kann vielleicht besser Griechisch. Ich habe auch zu wenig Respect vor der Politik und erachte sie eines Interesses nicht wert."[35]

Dass sie politisches Talent hatte, war ihr offenbar nicht klar – oder nicht wichtig. Politiker erkannten und schätzten ihre klaren und nüchternen Urteile. So schrieb der deutsche Botschafter in Rom überrascht und beeindruckt, die Kaiserin bekunde „in ihrem Urteil eine erstaunliche Objektivität und Schärfe" und „sie treffe dabei stets den Nagel auf den Kopf".[36] Auch Kaiser Wilhelm sah in ihr eine kluge und politisch begabte Person und schrieb: „Sie ist eine der politisch am klarsten und objectivsten denkenden Fürstinnen des Jahrhunderts."[37] Die Kaiserin hätte demnach enormes Potenzial gehabt, war aber nicht daran interessiert, es auch zu nutzen.

Elisabeth zog sich im Gegenteil mehr und mehr zurück und weigerte sich zunehmend, nicht nur

Kaiserin von Österreich, sondern auch Königin von Ungarn zu sein, und selbst die dringenden Bitten ihres engsten Umfelds – allen voran Ida Ferenczys und Gyula Andrássys – konnten sie nicht umstimmen. Sie sah sich nicht als Monarchin, die ihrem Volk dienen oder eine Aufgabe zu erfüllen hatte. Sie konnte sich nie langfristig für eine Aufgabe begeistern, langweilte sich schnell und suchte immer neue Beschäftigungen. So dichtete sie 1885:

wie ich immer wieder NEUES ausprobieren

Eine Möve bin ich von keinem Land,
Meine Heimat nenne ich keinen Strand,
Mich bindet nicht Ort und nicht Stelle,
Ich fliege von Welle zu Welle.

Nordsee Lieder, 1885
Sisi Gedicht

Schloss Gödöllő, Aquarell von Julius von Blaas.

„Auf Titania, schmücke dich heut' mit Diamanten!"

Familienmahl, Winterlieder, 1887

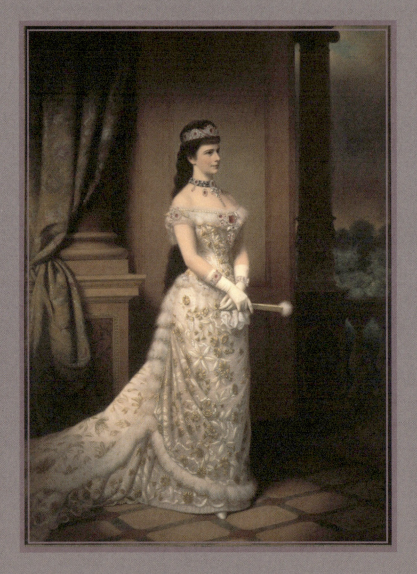

*Kaiserin Elisabeth in Galakleid zur Silberhochzeit,
Gemälde von Georg Raab, 1879.*

Galakleid der Silberhochzeit des Kaiserpaares, weißes Seidenkleid mit Goldstickerei und Pelzbesatz, Rekonstruktion nach dem Gemälde von Georg Raab, 1879, Mónika Czédly, Salon D'Elia.

Die Silberhochzeit

„Sie strahlte in ihrer Schönheit!"

Nachdem sich Elisabeth für einige Jahre mehr oder weniger aus der Öffentlichkeit zurückgezogen hatte und ihren privaten Interessen gefolgt war, gerieten die Feierlichkeiten zur Silberhochzeit des Kaiserpaares im April 1879 umso mehr zur Sensation. Das Festprogramm zog sich über mehrere Tage, und Elisabeth zeigte sich von ihrer besten Seite. Im Zuge der Vorbereitungen hatte sie die meisten Termine abgesagt, man hatte bereits das Schlimmste befürchtet, und die Presse übte leise Kritik: „Kaiserin Elisabeth hat offenbar das Unwohlsein, welches sie während der letzten Tage befallen, überwunden ..."[38] Doch bei den entscheidenden Terminen trat sie nicht nur auf, sondern begeisterte die Öffentlichkeit. Bei der Festvorstellung in der Hofoper trug sie ein Kleid in einer ihrer beiden Lieblingsfarben: perlgrau. Die Zeitungen berichteten:

„... Sie strahlte in ihrer Schönheit. Ihre Robe war abermals in ihrer Favoritenfarbe, dem unbestimmt schillernden Grau, gewählt, in langer Schleppe niederwallend, decolletirt, mit Spitzen und Blumen geziert; ihr Haar war aufgelöst, mit Brillanten durchstreut, und auf dem Haupte ruht ein weithin glitzerndes Diadem."[39]

Der Höhepunkt der Feierlichkeiten war die Soirée bei Hof, zu der 5000 Gäste eingeladen waren. Das *Neuigkeitsweltblatt* berichtete: „Die Toilette der Kaiserin war reizend. Die Monarchin trug ein perlgraues hohes Atlaskleid mit weißem Gaze-Überwurf und langer Schleppe. Reiche Silberstickerei zierte die Robe. Die Schleppe zeigte kunstvoll in Silber gestickte Palmenblätter. Auf der Weste blitzten in lebhaftem Feuer Diamanten und Rubinen. Dieselben Steine trug die Kaiserin im Gürtel, sowie in dem Kollier, das aus drei Reihen Diamanten und Rubinen bestand. Das Diadem war mit großen Diamanten besetzt, welche ebenfalls mit Rubinen abwechselten. Das Haar trug die Kaiserin an der Stirne glatt gescheitelt, nach rückwärts fiel es über den Rücken herab, mit einer Agraffe zusammengehalten.“[40]

Die Festlichkeiten stellten im Übrigen nicht, wie vielfach behauptet, den letzten großen Auftritt der Kaiserin dar. Die Zeitungsberichte belegen, dass Elisabeth bis zu ihrem Tod zu allen wichtigen offiziellen Anlässen wie Hofbällen, Jubiläen und ähnlichen repräsentativen Auftritten des Kaiserhauses erschien.

Der besondere Anlass sollte in einem prächtigen Porträt festgehalten werden. Ein letztes Mal willigte die Kaiserin ein, für ein Porträt zu Verfügung zu stehen. Doch Georg Raab sollte feststellen, dass diese Zusage im Fall der Kaiserin nicht viel zu bedeuten hatte. An echte Porträtsitzungen war nicht zu denken, denn Elisabeth weigerte sich strikt, dem Maler Modell zu sitzen. Ihr Entgegenkommen ging gerade so weit, dass Raab stundenlang in einem Gang warten musste, um einmal einen Blick auf die vorbeigehende Kaiserin werfen zu dürfen. Dass das Porträt daher nicht unbedingt authentisch und vor allem nicht lebendig wirkt, ist nachzuvollziehen.

Roben von Scheiner und Spitzer

Von wem das Kleid, das Elisabeth bei der Soirée anlässlich ihrer Silberhochzeit trug, stammte, ist nicht festzustellen. Das Original ist nicht erhalten, und die Quellen geben darüber keine eindeutige Auskunft. Eine Möglichkeit wäre ihre Lieblingsschneiderin der späten 1870er- und 80er-Jahre Fanny Scheiner. Die Schneiderin hatte ihren Wiener Salon zunächst in der Dorotheergasse 9 gehabt, 1878 war sie auf den Michaelerplatz 4 – direkt gegenüber der Hofburg – übersiedelt. Da ihre ersten Kreationen der Kaiserin offenbar gefielen, erhielt sie auch den Titel einer k. u. k. Hof-Kleidermacherin, der hoch begehrt war und nicht nur prestigeträchtiger Karrierehöhepunkt war, sondern auch dazu führte, dass sie damit zur ersten Schneiderin der Hocharistokratie avancierte. Ab 1876 lieferte sie der Kaiserin jährlich Kleidung im Wert von ca. 900 Gulden – 1879 erhielt sie jedoch über 1500 Gulden, – umgerechnet ca. 20 000 Euro, was für ein besonders aufwendiges Kleid oder auch die beiden Kleider, die Elisabeth anlässlich der Feierlichkeiten trug, spricht.[41] Ihre Spezialität waren Reitkleider im englischen und französischen Stil, aber natürlich auch aufwendige Ballroben. Fanny Scheiner blieb bis zu ihrem Tod im Jahre 1887 eine der Lieblingsschneiderinnen der Kaiserin und fertigte unter anderem auch die berühmte Trauerrobe an, die sich bis heute im Kunsthistorischen Museum erhalten hat.

Ab 1884 lieferten auch G. & E. Spitzer, die ihr Atelier am Kärntnerring 12 hatten, jährlich mehrere Outfits in der Preislage zwischen 1500 und 8500 Gulden, darunter auch das helle Festkleid der Kaiserin aus dem Jahr 1887, das sich heute im Wien Museum befindet.[42] Das Ehepaar Ernestine und Gustav Spitzer avancierte dank ihrer prominenten Kundin Ende des 19. Jahrhunderts zum führenden Modesalon in Wien und war für seine kostbaren Ballroben berühmt. Sie arbeiteten mit den neusten Stoffen wie Duchesse, Brokat, Samt, Taft, Moiré, Musselin, Tüll und Organdin, kreierten jede Saison eine neue Modefarbe, die changierend, matt oder glänzend sein konnte, und arbeiteten mit verschwenderischem Aufputz aus Spitze, Perlen, Strasssteinen und künstlichen Blumen. Da G. & F. Spitzer jährlich zwei bis drei Rechnungen stellte – im Jahr 1887 beispielsweise zwei in der Höhe von 1950 sowie 6998 Gulden, umgerechnet ca. 27 000 sowie 95 000 Euro –, ist davon aus-

zugehen, dass es sich dabei um ganze Kollektionen handelte und nicht nur um einzelne Kleider. Die Stoffe für die Kleider der Kaiserin wurden offenbar zumeist direkt in Paris – etwa bei Maison Simonne[43] – bestellt und den SchneiderInnen übergeben – wohl auch um sicherzustellen, dass es sich bei Elisabeths Kleidern um Unikate handelte. Die Stoffe sollten exklusiv für die Kaiserin verarbeitet werden, und niemand sollte aus dem gleichen Stoff wie jenem für die Kaiserin eine Robe schneidern können.

„Ja wahrlich, ich bin eine Tochter der Luft, verachtend die lästigen Kleider"

Am Zauberberg,
Nordsee Lieder, 1886

Elisabeth hatte sich in den vergangenen Jahren auch modisch emanzipiert. Begeistert hatte sie die Neuerungen aus Paris aufgenommen und trug keine Krinoline mehr, die als essentieller Teil der höfischen Kleidung für all das stand, was sie hasste. Dafür konnte die Kaiserin sogar darüber hinwegsehen, dass es ausgerechnet ihre große Konkurrentin Pauline Metternich war, die als treue Stammkundin von Worth diese Innovation erstmals getragen und damit diesen Trend gesetzt hatte. Dieser Umstand mag Elisabeth nicht besonders erfreut haben, dennoch übernahm sie begeistert den neuen Trend, der eine schmale Silhouette zauberte und damit ihren Vorstellungen absolut entgegenkam. Man darf nicht vergessen, dass die ausufernden Krinolinenkleider mit ihren Gestellen und den erforderlichen Unmengen an Stoff bis zu 25 Kilogramm wiegen konnten und ihre Trägerinnen auch dadurch in ihrer Bewegungsfreiheit stark eingeschränkt waren. Daher glich die neue Linie, die nur noch eine Bauschung des Hinterteils mittels Tournüre vorsah, einer Befreiung und wurde durchwegs positiv aufgenommen. Doch auch die neue Linie hatte ihren Preis. Denn die schmal geschnitten Röcke hatten wiederum den Nachteil, dass man darin nicht mehr bequem ausschreiten, sondern nur noch mit kleinen Trippelschritten gehen konnte. Doch das nahm die Kaiserin gerne in Kauf – Hauptsache, sie konnte ihre schlanke Gestalt unterstreichen.

Seidenschuhe der Kaiserin Elisabeth.

„..... eine so herrliche Figur ..."

Kronprinzessin Viktoria an ihre Mutter Queen Victoria

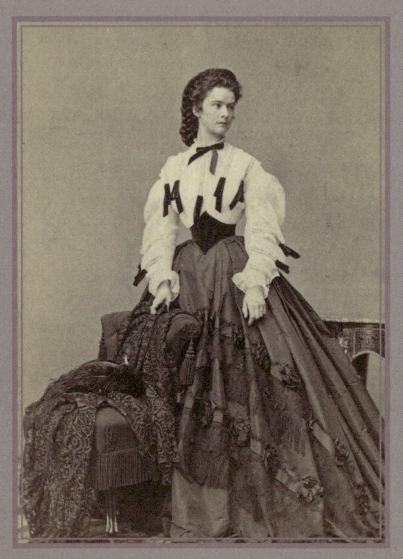

Kaiserin Elisabeth, Fotografie von Ludwig Angerer, 1864.

Schwarzes Kleid mit Schweizer Bluse und Bernoise-Gürtel, Rekonstruktion nach einer historischen Fotografie von Ludwig Angerer, 1864, Mónika Czédly, Salon D'Elia.

Körperkult

Kaiserliches Signature Accessoire: der Taillengürtel

Nachdem Elisabeth die Macht ihrer Schönheit erkannt hatte, legte sie auch großen Wert darauf und achtete ihr Leben lang auf ihre schlanke Linie. Bei einer Körpergröße von 1,72 Zentimetern wog sie zwischen 47 und 52 Kilo. Der Mode der Zeit entsprechend, trug sie in den 1860er-Jahren Kleider, die vor allem die Taille betonten, zugleich unterstrich sie gerne ihre besonders schmale Taille von 51 Zentimetern mit einem zusätzlichen Taillengürtel, der sich auch farblich abheben sollte. Die Fotografie, die 1863 von Ludwig Angerer aufgenommen wurde, zeigt die Kaiserin in einem ihrer Lieblingsoutfits dieser Jahre, einer sogenannten Schweizer Bluse, einem weißen Oberteil mit kleinen sogenannten Schweizerfalten sowie schwarzen Maschen verziert, und einem beidseitig spitz zulaufenden Taillengürtel in Bernoise-Form. Von dieser Kombination hatte sie mehrere Ausführungen, einige davon sind bis heute im Ungarischen Nationalmuseum in Budapest erhalten. Dass Elisabeth damit up to date war, zeigt ein Blick in die Modemagazine der Zeit, wonach diese Form und Verzierung des Oberteils sowie der karoförmige Taillengürtel nur in den Jahren 1863 und 1864 erwähnt werden. Die Maße der Kaiserin – angeblich 91/51/88 – belegen auch, dass sie nicht nur außergewöhnlich schlank war, sondern auch eine große Oberweite besaß.

Die sportliche Kaiserin

Mit ausschlaggebend für ihre schlanke Figur war sicherlich, dass sie über Jahrzehnte hinweg konsequent Sport betrieb. Um fit, gelenkig und agil zu bleiben, trainierte sie täglich bis ins hohe Alter in ihrem eigens dafür eingerichteten Turnzimmer.

Zusätzlich nahm sie Fechtunterricht, und nachdem sie ihren Lieblingssport, die Reiterei, aufgegeben hatte, kompensierte sie ihren ausgeprägten Bewegungsdrang mit Gewaltmärschen und Bergtouren. Die Touren dauerten oft bis zu neun Stunden und stellten nicht nur die Hofdamen, die auf ihre Marschfähigkeit getestet wurden, bevor sie engagiert wurden, auf eine harte Probe. Auch ortskundige Führer erzwangen nicht selten nach einigen Stunden völlig erschöpft durch angebliche plötzliche Unkenntnis der Gegend eine Umkehr. Eine Sorge hatte die Kaiserin jedoch nicht: Wenn das Wetter bei langen Märschen wechselte, stellte sich für sie nie die Frage, was sie mit etwaigen überflüssigen Kleidungsstücken tun sollte, denn sie wurde nicht nur von einer Hofdame, sondern auch von einem Lakaien begleitet, der dafür zuständig war: „Wenn die Kaiserin ihr rasantes Tempo einschlug, warf sie alle Augenblicke bald den Mantel, bald die Jacke, dann den Shawl oder den Pelz ab, und der Lakai mußte die einzelnen Kleidungsstücke, wie sie die Kaiserin auf die Erde fallen ließ, aufheben und ihr nachschleppen."[44]

Hungerkuren?

Ins Reich der Legenden muss jedoch verwiesen werden, dass Elisabeth ihr Leben lang ständig hungerte, um schlank zu bleiben. Originale Speisezettel belegen, dass Elisabeth sehr wohl einen guten Appetit besaß. Ein gewöhnliches Frühstück bestand aus Café mit kaltem und warmem Obers, süßen und gesalzenen Bäckereien, Eiern, kaltem Fleisch, Honig, Obst und unterschiedlichem Gebäck. Dazu trank sie manchmal auch ein Glas Wein. Zu Mittag folgten gewöhnlich Braten mit Gemüse und am Nachmittag eine kleine Jause, gefolgt vom abendlichen Diner. Rechnungen aus den verschiedensten Konditoreien zeigen zudem, dass Elisabeth gerne Süßes, am liebsten Schokolade- und Cremetorten und vor allem Sorbet aß. Besonders wichtig waren ihr frische Milch und Milchprodukte. Zu diesem Zweck richtete sie 1895 im Schönbrunner Schlosspark eine eigene kleine Meierei ein, von wo sie täglich ihre frische Milch beziehungsweise Milchprodukte geliefert bekam.

„Spindeldürr und quecksilbrig"

Elisabeth war stolz auf ihre schlanke Figur, die sie auch durch ihre Kleidung betonte, sie versuchte dabei jedoch nicht, einem gängigen Schönheitsideal nachzueifern. Ein „schöne" Frau war damals wesentlich runder und voller, optimal galten Maße in der heute gültigen Kleidergröße 42/44. Dem entsprachen die viel gepriesenen Schönheiten der Zeit wie die berühmte Schauspielerin und spätere „Freundin" des Kaisers Katharina Schratt oder auch Mary Vetsera, die letzte Geliebte des Kronprinzen Rudolf. Elisabeth galt daher – abgesehen von den wohlgesonnenen Beschreibungen ihrer VerehrerInnen – in den Augen ihrer Umgebung als mager und entsprach keineswegs dem gängigen Schönheitsideal. So beschrieb Dr. Müller, der König Ludwig II. als Nervenarzt betreute, die Kaiserin als „groß, spindeldürr, nervös und quecksilbrig".[46] Veranlagung mag eine wichtige Rolle gespielt haben, waren doch auch ihre Geschwister sehr schlank und hochgewachsen. Dazu kam, dass Elisabeth andere Essgewohnheiten hatte. Sie nahm zwar ein ausgiebiges Frühstück und ein Mittagessen zu sich, am Abend jedoch meistens nur noch eine kleine Mahlzeit zwischen fünf und sechs Uhr. Sie hatte die Erfahrung gemacht, dass sie späte Mahlzeiten nicht vertrug oder davon zunahm, und wollte daher nach sechs Uhr abends nichts

mehr essen. Nicht nur aus diesem Grund versuchte sie, so oft wie möglich den allabendlichen Familiendiners fernzubleiben. Ließ es sich nicht vermeiden, aß sie betont wenig und trug damit zu Gerüchten bei, sie esse nichts.

Magersüchtig?

Elisabeth war also stolz auf ihre schlanke Gestalt, die nicht unbedingt als schön galt, und versuchte alles, um dieses selbstdefinierte Ideal zu erhalten. Die Kaiserin war jedoch definitiv weder magersüchtig noch bulimisch, dennoch beschäftigte sie sich mit zunehmendem Alter immer intensiver mit dem Thema Essen und Gewicht und probierte in ihren letzten Lebensjahren die verschiedensten Diäten aus, um ihr Gewicht zu halten. Dazu gehörten neben generellen Fasttagen auch Tage, an denen sie nur Milch trank beziehungsweise Orangen oder Fleischbrühe aß. Unrichtig ist jedoch die Behauptung, Elisabeth hätte sich von rohem Fleischsaft ernährt. Es wurde zwar täglich ein roher Kalbsschlögel in die Kammer der Kaiserin geliefert, dieser wurde jedoch in Stücke geschnitten, mit einer Entenpresse ausgepresst, gewürzt und daraus ein Extrakt abgekocht, den Elisabeth als nahrhaften Trank zu sich nahm, der auch ihren Eisenmangel kompensieren sollte. Eine zunehmend entscheidende Rolle spielte die Waage: Elisabeth wog sich täglich, um ihr Gewicht zu kontrollieren, und trug nicht nur ihr Gewicht, sondern auch ihr sportliches Tagesprogramm in ein Gewichts-Journal ein. Sie beschäftigte sich demnach zwanghaft mit den Themen Essen, Gewicht und Aussehen. Ihr Verhalten erinnert an die Orthorexia nervosa genannte Essstörung, die sich dadurch auszeichnet, dass Betroffene ein krankhaftes Verlangen danach haben, sich möglichst „gesund" zu ernähren, und sich generell zwanghaft mit dem Thema Essen auseinandersetzen. Im Unterschied zur Anorexie ist die Orthorexie demnach keine quantitative, sondern eine qualitative Essstörung, dennoch bewegen sich Erkrankte durch die stark eingeschränkte Nahrung gewichtsmäßig zumeist im unteren Normbereich.

„… wie eine Boa constrictor …"

Vor allem in den Jahren, in denen sie die Reiterei wirklich als Hochleistungssport betrieb, aß Elisabeth absolut normal. Man darf nicht vergessen, dass sie mitunter von elf Uhr vormittags bis gegen halb sechs Uhr abends im Sattel saß. Sie hätte nicht eine einzige Jagd konditionell und kreislaufmäßig durchgestanden, hätte sie nichts gegessen. So nahm sie vor Reitjagden immer eine spezielle, besonders kräftige Suppe zu sich, die aus zusammen gekochtem Rindfleisch, Huhn, Reh und Rebhuhn bestand. Dazu trank sie zwei Gläser Wein, und auf der Fahrt zum Treffpunkt nahm sie noch eine weitere Mahlzeit mit belegten Broten und Wein ein. Nach dem Reiten trank sie gerne ein Glas Bier. Am Abend speiste sie mit ihren Begleitern und aß den Berichten zufolge sogar sehr viel. Ihre Hofdame Marie Festetics schrieb der zu Hause gebliebenen Freundin Ida Ferenczy: „Die Liebe ist unberufen sehr wohl, sie lässt Ihnen sagen, daß sie jetzt riesigen Appetit hat und derart viel ißt, daß sie wie eine Boa constrictor am Sofa liegt und sich fürchtet ins Bett zu gehen …"[47]

Das Kleid mit der betont schmalen Taille steht demnach für das persönliche Schönheitsbild der Kaiserin, das nicht den gängigen Normen entsprach und das Selbstbewusstsein der Kaiserin unterstreicht. Sie wollte nicht dem gängigen Schönheitsideal entsprechen, sondern hatte ihre ganz eigenen Vorstellungen.

„Sie scheint furchtbar eng geschnürt zu sein.“

Kronprinzessin Victoria an ihre Mutter Queen Victoria

Korsett der Kaiserin.

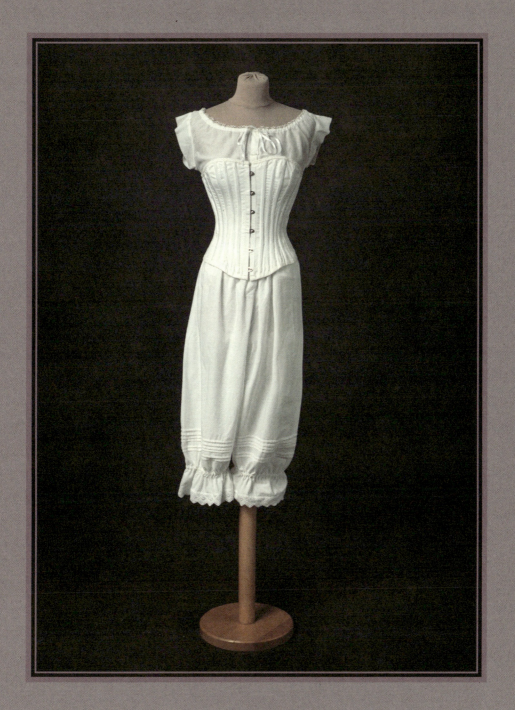

Hemdchen, Korsett und Beinkleid. Rekonstruktion Mónika Czédly, Salon D'Elia.

Kaiserliche Dessous

Die besondere Betonung der Taille war zwar gängige Mode, im Fall der Kaiserin jedoch besonders auffallend und wurde geradezu ihr Markenzeichen. Eine schmale Taille war in dieser Zeit jedoch weniger von der Figur abhängig, sondern in erster Linie von der damals absolut gängigen Praxis der Schnürung. Kleidung ohne Korsett zu tragen, galt nicht nur als plump und unelegant, sondern geradezu als unanständig und unsittlich, und so wurden bereits junge Mädchen täglich geschnürt. Diese Praxis beeinflusste natürlich den Körperbau der Frauen beziehungsweise deformierte ihn geradezu, was wiederum eine derart schmale Taille überhaupt erst ermöglichte. Bis heute erhaltene historische Textilien belegen jedoch, dass schmale Taillen keine Seltenheit und vor allem auch kein Klassenmerkmal waren. So erinnerte sich die berühmte sozialdemokratische Politikerin Adelheid Popp, dass sie in ihrer Jugend nicht nur „selbstverständlich" geschnürt gewesen war, sondern sogar versucht hatte, das fabelhafte Taillenmaß der Kaiserin zu erreichen. Allerdings war dieses offenbar schon damals übertrieben und falsch überliefert, so schrieb Popp: „Meine Taille hatte nur 52 Centimeter Umfang und man erzählte sich, daß die Kaiserin Elisabeth nie mehr als 46 besessen, und ich strebte sehr danach, die Kaiserintaille zu erreichen."[48] Auch wenn das übertrieben war, galt die schmale Taille der Kaiserin als außergewöhnlich und war sogar Gesprächsthema. So berichtete die preußische Kronprinzessin Viktoria in einem Brief an ihre Mutter, die englische Königin Victoria, 1682: „Ich bin ganz begeistert von der Kaiserin … sie scheint furchtbar eng geschnürt zu sein, und das ist bei einer so herrlichen Figur sicher nicht notwendig …"[49]

Korsetts aus Paris

Damit die Kleider so dicht wie möglich am Körper anliegen und die Taille optimal betonen konnten, trug Elisabeth ihr Leben lang Korsetts, und zwar täglich. In frühen Jahren waren diese aus mehreren Bahnen feiner Seide und innenseitig eingearbeiteten Stäben aus Fischbein, in Seidenripsverkleidung genäht. Am Rücken waren die Korsetts mit eingefassten Ösen für die Schnürbänder versehen. Zusätzlich sorgten Verschlusshäkchen am Ober- und Unterrand für den festen Halt. Unter Tageskleidern wurden die Korsetts über einem Hemdchen getragen, für Abendkleider waren sie manchmal mit schmalen Seidenträgern versehen oder ganz schulterfrei gearbeitet. Das Vorderteil, das wie angegossen am Körper sitzen und nicht auftragen sollte, war völlig glatt und schmucklos gearbeitet, nur der Abschluss des Rückenbereichs war mit einem kleinen Spitzenbesatz oder mit Stickerei versehen. Die Erfindung Jean-Julien Josselins sollte die Modewelt jedoch revolutionieren, denn er erfand nicht nur das erste Korsett mit mechanischen Verschlüssen, vielmehr nahmen seine Korsetts Rücksicht auf den weiblichen Körperbau und waren ganz ohne Fischbeinverstärkungen genäht,

wodurch sie flexibler und um einiges bequemer waren. Die begehrtesten Modelle waren die Ceinture mignonne und das Corset Imperatrice, die er sich sogar patentieren ließ. Die Rechnungsbücher der Kaiserin belegen, dass sie ihre Korsetts ausschließlich bei Josselin in der Rue de Pontceau bestellte, die als die elegantesten, aber auch teuersten weltweit galten.

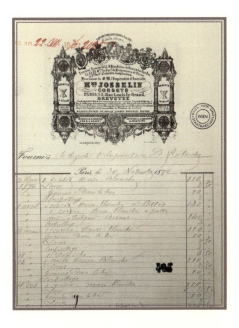

Rechnung des Ateliers Josselin vom November 1876 für mehrere Korsetts der Kaiserin.

85

Beinkleider aus Seidentrikot und Wildleder

Unter dem Korsett wurden Wickelbeinkleider aus feinstem Leinen mit gerüschtem Abschluss getragen, die man um die Hüfte band. Erst darüber wurde das Korsett getragen beziehungsweise geschnürt. Die Beinkleider waren allerdings nicht wie eine Hose geschnitten, sondern im Schritt offen, Unterhosen im heutigen Sinn gab es damals nicht. Bis zum Beginn des 19. Jahrhunderts trugen Damen unter den Röcken und Unterröcken nichts, da Unterhosen als unhygienisch und daher ungesund galten. Erst ab 1810 setzten sie sich langsam durch, zunächst noch in Form langer Beinkleider, bis sie in den 1870er-Jahren nur noch bis zum Oberschenkel reichten. Kurze Unterhosen mit geschlossener Naht im Schritt setzten sich erst nach 1900 durch. Da Damen also keine Unterwäsche im heutigen Sinn trugen, waren sie vor allem in der Krinoline-Ära im Winter relativ schutzlos der Kälte ausgeliefert, weshalb bei großer Kälte Beinkleider aus Flanell – oder für weniger betuchte Frauen selbstgestrickte Wollbeinkleider – empfohlen wurden. So berichtete die Modezeitschrift *Iris* 1864: „Die Crinoline wird, ehe sie ihren großen Platz in der Welt räumt, noch manches Unheil auch insofern stiften, daß sie Verkühlungen und somit ernstes Unwohlsein verschuldet."[50]

Von Marie Larisch, einer Nichte der Kaiserin, ist überliefert, dass Sisi im Sommer Beinkleider aus Seidentrikot, im Winter aus Wildleder trug. Dazu trug die Kaiserin Seidenstrümpfe der Londoner Firma Swears and Wells, die mit Bändchen am Korsett befestigt waren.[51] Marie Larisch schilderte weiters, dass die Nachthemden der Kaiserin zwar einfach, aber alle mit einem mauvefarbenen Bändchen durchzogen und gebunden waren. In späteren Jahren trug sie ihrer Nichte zufolge auch keine Unterröcke mehr und verzichtete im Sommer sogar auf Strümpfe, was einem Skandal gleichgekommen wäre, wenn dies in der Öffentlichkeit bekannt geworden wäre.

Die Schilderungen belegen demnach, dass Elisabeth einerseits zwar auf Bequemlichkeit achtete und mit der Tradition mehrerer Schichten Unterwäsche brach, unabhängig davon jedoch sehr wohl und bis ins letzte Detail großen Wert auf exquisite und luxuriöse Kleidung legte.

Wäschekoffer
der Kaiserin.

Cremefarbenes Seidenkorsett der Kaiserin,
um 1870/80.

Hemdchen, Beinkleid und Strümpfe
der Kaiserin.

Nachthemd der Kaiserin mit
mauvefarbenen Bändchen.

„.... das Frisieren dauert immer
fast zwei Stunden ..."

Constantin Christomanos

Kaiserin Elisabeth, Gemälde von Franz Xaver Winterhalter 1864/65.

*Originaler Frisiermantel der Kaiserin Elisabeth, feiner Baumwollba-
tist mit gerüschten Abschlüssen.*

Haarpracht

„... wühlte sie in den Wellen der Haare ..."

Die kunstvollen Frisuren der Kaiserin waren nicht nur eines ihrer wichtigsten Schönheitsattribute, sondern auch Teil des Outfits. Zu ihrer Zeit hatten zwar alle Frauen lange Haare, Sisis Haarfülle war jedoch außergewöhnlich. Sie war auf ihr dichtes, knielanges Haar, das täglich zwei bis drei Stunden lang frisiert wurde, besonders stolz und widmete ihrer Haarpflege und ihren Frisuren außergewöhnlich viel Zeit.

Da sie ihre täglichen Frisierstunden zum Sprachstudium nutzte, waren ihre Lehrer Zeugen dieses kultähnlichen Prozederes, das Constantin Christomanos in seinen Memoiren folgendermaßen schilderte: „‚Das Frisieren dauert immer fast zwei Stunden', sagte sie, ‚und während meine Haare so sehr beschäftigt sind, bleibt mein Geist träge. Ich fürchte, er geht aus den Haaren hinaus in die Finger der Friseuse. Deswegen tut mir dann der Kopf so weh ...' Die Kaiserin saß an einem Tisch, der in die Mitte des Raumes gerückt und mit einem weißen Tuch bedeckt war, in einen weißen, mit Spitzen besetzten Frisiermantel gehüllt, mit aufgelösten Haaren, die bis zum Boden reichten und ihre Gestalt vollkommen einwickelten."[52]

Ihre Friseurin Franziska „Fanny" Feifalik spielte dabei eine entscheidende Rolle. Die ehemalige Friseurin des Wiener Burgtheaters war für die kunstvollen Frisuren der Kaiserin verantwortlich und musste nach dem stundenlangen Frisieren, Flechten und Hochstecken der Haarmassen die dabei ausgefallenen Haare in einer silbernen Schüssel vorzeigen. Christomanos notierte dazu: „... hinter dem Sessel der Kaiserin stand die Friseuse in schwarzem Kleide mit langer Schleppe, eine weiße spinnwebene Schürze sich vorgebunden

... mit weißen Händen wühlte sie in den Wellen der Haare ... wickelte sie um die Arme wie Bäche, die sie auffangen möchte, teilte die einzelne Welle mit einem Kamm aus goldgelbem Bernstein ... Dann brachte sie auf einer silbernen Schüssel die toten Haare der Herrin zum Anblick, und die Blicke der Herrin und jener der Dienerin kreuzten sich eine Sekunde – leisen Vorwurf bei der Herrin enthaltend, Schuld und Reue der Dienerin kündend. Dann wurde der weiße Mantel aus Spitzen von den fallenden Schultern gehoben, und die schwarze Kaiserin entstieg gleich einer göttlichen Statue der bergenden Hülle."[53]

Marie Larisch bemerkte dazu spöttisch, dass „die Haare auf Tante Sisis Kopf nummeriert"[54] gewesen seien.

Eigelb und Cognac

Alle 14 Tage wurden die Haare mit einer extra angefertigten Mixtur aus Eigelb und Cognac gewaschen und anschließend mit einem „Kopfspiritus" genannten Lavendelspiritus, der durchblutungsfördernd wirkte, gespült. Die Prozedur dauerte einen ganzen Tag, in späteren Jahren ließ Sisi sich die Haare vermutlich mit Indigo und einem Extrakt aus Nussschalen tönen. Berühmt war sie für ihre Haarflechten, die sie wie eine Krone um den Kopf geschlungen trug. Bei offiziellen Anlässen ließ sie sie immer wieder geöffnet, sie wurden dann nur mit einer Spange zusammengehalten, dazu trug sie gerne Haarschmuck in Form frischer Blüten oder eben ihre geliebten Diamantsterne. Bewundert wurde auch ihre sogenannte „Steckbrieffrisur", die gerne kopiert wurde. In Ermangelung der dafür notwendigen Haarfülle mussten die meisten jedoch auf künstliche Haarteile zurückgreifen.

„Sie betete ihre Schönheit an wie ein Heide seinen Götzen ..."

Elisabeths Nichte war die Einzige, die sich später offen gegen den Schönheitskult ihrer Tante aussprach, der zunehmend zur Lebensaufgabe geworden war: „Sie betete ihre Schönheit an wie ein Heide seinen Götzen und lag vor ihr auf den Knien. Der Anblick der Vollkommenheit ihres Körpers bereitete ihr einen ästhetischen Genuß; alles was diese Vollkommenheit trübte, war ihr unkünstlerisch und zuwider."[55]

„O Schwalbe, leih' mir deine Flügel ..."

Elisabeth, 1853

Kaiserin Elisabeth mit ihrem irischen Wolfshund Houseguard, Fotografie von Emil Rabending, 1866.

Schwarzes Samtkleid mit Kordelverzierung und weißer Halsschleife, Rekonstruktion nach historischer Fotografie von Emil Rabending, 1866, Mónika Czédly, Salon D'Elia.

Fernweh

Eleganz durch Details

Am 17. März 1866 ließ sich Elisabeth von Emil Rabending mit ihrem irischen Wolfshund Houseguard fotografieren. Sie trug ein mit Kordeln verziertes schwarzes Samtkleid mit einer weißen Halsschleife. Das Oberteil mit breiten Schultern und engeren Ärmeln am Handgelenk entsprach mit seiner vorne schmalen Silhouette samt Tournüre der neuen modischen Linie. Elisabeth legte trotz aller Einfachheit der Stoffe und Schnitte großen Wert auf Details, die charakteristisch für sie waren: Dazu zählten Spitzenkrägen oder Jabots, vor allem aber die Betonung ihrer schlanken Linie mittels auffallender Gürtel sowie breiten Schnallen oder Broschen.

ich auch

Englische „Tailormade"

Elisabeth hatte also eine genaue Vorstellung davon, was sie nicht wollte: ihre repräsentativen Verpflichtungen als Kaiserin, die Rolle der aufopfernden Mutter und jene der unterstützenden Gemahlin. Nun ging sie auf die Suche um herauszufinden, was sie im Leben wollte. Diese Trennlinie spiegelte sich auch in ihrer Kleidung wider. Elisabeth trug einerseits gerne ausgefallene und exotisch anmutende Kleider, andererseits bevorzugte sie nun immer öfter robuste und praktische Kleidung – beides gleichermaßen provokant. Doch die Kaiserin wollte weder im Leben noch in ihrer Kleidung eingeschränkt sein. Ihre Kleidung hatte sich nun nach ihren Prioritäten zu richten und nicht umgekehrt. Das bedeutete, dass sie, ihrem Lebensstil entsprechend, das richtige Outfit für Reisen, Wanderungen und Bergtouren benötigte. Daher mussten die Kleider der Kaiserin nun so geschneidert sein, dass sie möglichst viel Bewegungsfreiheit hatte. Ihre Hofdame Irma Sztáray berichtete: „Jedes ihrer Kleider konnte sie durch Hinaufknöpfen kürzen lassen, um im

Gehen nicht gehindert zu sein. Zu dieser Toilette gehörte ein mit Leder gefütterter weißer Sonnenschirm und ein gelber Lederfächer …"[56] Ihre Kleider zeichneten sich nun also nicht mehr durch besonderen Prunk oder Eleganz aus, sondern mussten vor allem eines sein: praktisch. Das war für eine Kaiserin nicht nur außergewöhnlich, sondern einzigartig und unterstreicht den selbstbewussten und unabhängigen Charakter Elisabeths.

Lederstiefeletten der Kaiserin.

Elisabeth orientierte sich dabei an der englischen Mode, die auf diese Bedürfnisse einging und das sogenannte englische Schneiderkostüm erfand. Ab 1887 als „Tailormade" aus England importiert, erfreute es sich aufgrund seiner festen Wollstoffe und strengen Linienführung immer größerer Beliebtheit bei Damen, die sich gerne im Freien aufhielten. Dazu trug die Kaiserin feste Lederstiefeletten, mit denen man ungehindert ausschreiten und sich auch im Gelände bewegen konnte. Das feste Leder sorgte zusätzlich dafür, dass man auch bei Wind und Wetter geschützt war, was Elisabeth besonders wichtig war, da sie sich gerne den Elementen aussetzte und – zum Entsetzen ihrer Umgebung – auch gern bei Regen und Schnee ins Freie ging.

herrlich

Fernweh

Die Fotografie von Emil Rabending entstand in einer für Elisabeth entscheidenden Lebensphase und steht stellvertretend für eine klare Botschaft: Die Kaiserin war nach ihrer langen Abwesenheit auf Madeira sowie anschließend auf Korfu und in Venedig selbstbewusst zurückgekehrt und hatte in dieser Zeit beschlossen, ihr Leben von nun an selbst zu gestalten. Nicht Zeremoniell, Etikette und Tradition sollten ihren Alltag bestimmen, sondern sie selbst. Entschei-

Schwarzes Kleid der Kaiserin.

dend war dabei, dass sie darin von ihrem Gemahl unterstützt wurde. Franz Joseph liebte seine Frau abgöttisch und tat alles, um sie glücklich zu machen, selbst wenn das bedeutete, dass sie nicht immer an seiner Seite war und ein eigenständiges Leben führte. Elisabeth lernte schnell, ihren persönlichen Freiraum immer weiter auszudehnen – geografisch wie zeitlich. Sie begann zu reisen – meist unter dem offiziellen Vorwand ihrer angegriffenen Gesundheit – und ihren Interessen nachzugehen. Sie umgab sich, soweit es ging, mit Menschen, die sie auswählte und die ihr sympathisch waren. Ihren älteren Kindern war sie entfremdet, ihre jüngste Tochter Marie Valerie war zwar öfter mit ihr auf Reisen, verbrachte aber die meiste Zeit mit Gouvernanten. Verfolgt man die Zeitungsberichte aus der Zeit, entsteht vielmehr der Eindruck, dass Marie Valerie mehr als Vorwand für längere „Kurreisen" diente, da die angeblich „angegriffene Gesundheit" der jüngsten Kaisertochter immer wieder als Grund für längere Reisen und Aufenthalte der Kaiserin im Ausland angegeben wurde. Das Fernweh hatte die Kaiserin gepackt, und sie dichtete sehnsuchtsvoll:

O Schwalbe, leih' mir
deine Flügel,
O nimm mich mit ins
ferne Land …

Mit der Fotografie stellte sie auch eines unmissverständlich klar: Elisabeth wollte als selbstbestimmte Frau wahrgenommen werden. Dass sie sich – mit einer einzigen Ausnahme (einer Fotografie der kaiserlichen Familie auf der Schönbrunner Schlossterrasse) – niemals mit ihrem Mann oder ihren Kindern fotografieren ließ, macht dies deutlich. Es existieren lediglich Fotografien der Kaiserin allein, in unterschiedlichen Posen und außergewöhnlicher Kleidung sowie mit ihren Hunden. Elisabeth liebte Hunde, allerdings ausschließlich die größten Rassen: irische Wolfshunde, Doggen, Leonberger, Bernhardiner. Mit ihnen ließ sie sich gerne und immer wieder darstellen. In einem Brief meinte sie: „Neulich hat mich mein Mann gefragt, was mich freuen würde. Doch ich fürchte fast, ein so großer Hund, als ich ihn mir wünsche, existiert gar nicht. Ich haben ihn daher um einen jungen Königstiger gebeten …"[57] Dies sollte jedoch der einzige Wunsch bleiben, den der Kaiser seiner Gemahlin nicht erfüllte …

Exaltiertheit

In ihrem Wunsch, der Welt zu zeigen, dass sie kein fremdbestimmtes und angepasstes Leben führen wollte, entwickelte Elisabeth einen Hang zu Exaltiertheit, der sich vor allem an Äußerlichkeiten zeigte. Neben ihren riesigen Hunden, die sie überallhin begleiteten und die meisten Menschen verängstigten, provozierte sie auch mit der Auswahl ihres engsten Umfeldes. So engagierte sie für ihre Hunde den groß gewachsenen Nubier Muhammed Beschir als Hundebetreuer, der, in eine rote Livree gekleidet, für großes Aufsehen sorgte. Diener galten als exotisch und waren in adeligen Kreisen keine Seltenheit. Schon Elisabeths Vater Herzog Max hatte auf einer seiner Orientreisen einen jungen Afrikaner auf einem Sklavenmarkt freigekauft und nach München mitgebracht, wo er bis zu seinem Tod als Diener des Herzogs lebte. Dennoch waren Diener Ausdruck einer elitären Exaltiertheit, und auch Elisabeth ging es eher um Aufsehen und Provokation als um eine Demonstration von Gleichbehandlung und Weltoffenheit. Denn Elisabeth förderte die jungen Afrikaner in ihrem Hofstaat nicht, wie manchmal behauptet, sondern setzte sie eher nach Lust und Laune ein und überließ sie ihrem Schicksal, wenn sie ihrer überdrüssig war. So blieb auch der klein gewachsene und verwachsene Rudolph Rustimo, der 1877 als Geschenk des Vizekönigs von Ägypten an den Wiener Hof gekommen war, nur einige Jahre in ihrer Gunst. Elisabeth erklärte ihn zum Spielgefährten für Marie Valerie. Dass sich ihre Tochter vor ihm fürchtete und sich auch im Laufe der Zeit nicht an ihn gewöhnte oder gar mit ihm Freundschaft schloss, war ihr gleichgültig. Sie ließ ihm zwar Lesen und Schreiben beibringen, als er jedoch problematisch wurde, da er angeblich ein Mädchen belästigt hatte, wurde er 1890 „pensioniert" und vegetierte ab dem Zeitpunkt in einer Bewahranstalt in Ybbs, wo er bald darauf verstarb.

Ein Faible für Irrenhäuser

In den 1880er-Jahren entwickelte die Kaiserin „außergewöhnliche" Interessen wie etwa jenes an Irrenhäusern. So berichtete der renommierte Nervenarzt Franz Carl Müller, der mit ihr eine Führung durch Bayerische Irrenanstalten machen hatte müssen, in einem Brief an einen Kollegen von seiner Begegnung mit der

Kaiserin: „Sie hat einen Narren an Irrenhäusern gefressen, die sie auf ihren weiten Reisen in Europa stets als Hauptsehenswürdigkeit besucht."[58] Dieser Spleen beschäftigte die Kaiserin einige Jahre. Doch es ging ihr nicht um die Verbesserung der Betreuung, Unterbringung oder Behandlung der Patienten, sondern eher um persönliche Grenzerfahrungen, und sie gefiel sich in der Rolle der „besonderen" Kaiserin.

Gesticktes Monogramm der Kaiserin.

Reich verzierter schwarzer Rock der Kaiserin.

„Eine kühnere und gleichzeitig anmutigere Reiterin hat es niemals gegeben ... "

Bericht eines Jagdberichterstatters

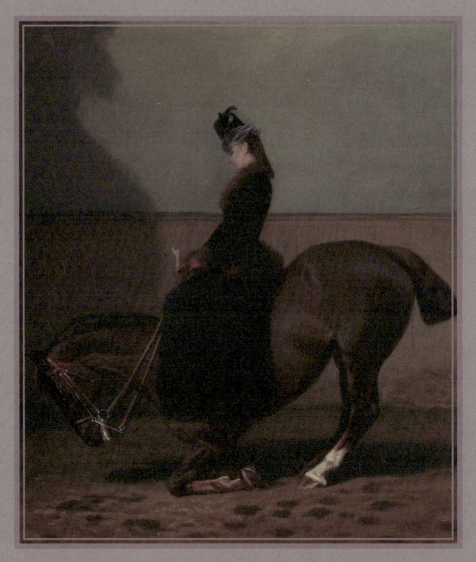

Kaiserin Elisabeth zu Pferd, Gemälde von Wilhelm Richter, 1876.

Schwarzes Reitkleid aus Seide mit Pelzverbrämung, Rekonstruktion nach dem Gemälde von Wilhelm Richter, 1867, Mónika Czédly, Salon D'Elia.

Die Parforce-Reiterin

„Ebenso couragiert im Felde wie bewandert in der Manege …"

Die einzige Leidenschaft, die Elisabeth wirklich erfüllte, war die Reiterei. Zu Pferd war sie glücklich, sie liebte die Bewegung und vor allem die sportliche Herausforderung. Elisabeth sah die Reiterei aber nicht nur als Hobby oder adeligen Zeitvertreib, sondern betrieb sie als Hochleistungssport. Sie entwickelte den Ehrgeiz, die beste Reiterin der Welt zu werden, und war bereit, hart dafür zu trainieren.

Sport und Fitness gehörten damals definitiv nicht zum adeligen Selbstverständnis. Damen ihres Standes gingen spazieren und maximal ausreiten. Elisabeth hingegen wollte mit den kühnsten Parforce-Reitern mithalten. Dabei kam ihr sicherlich die Reitleidenschaft ihres Vaters zugute, der selbst eine kleine Manege errichtet hatte und dort Kunststücke trainierte und vorführte. Elisabeth war so schon als Kind mit der hohen Schule der Reitkunst einerseits und der artistischen Zirkusreiterei andererseits in Berührung gekommen. Seit ihrer Jugend liebte sie es zu voltigieren, und auch später als Kaiserin blieb sie ihrer Leidenschaft treu und hielt ihre Geschicklichkeit aufrecht. Sie engagierte die besten Reitlehrer, darunter auch Elisa Petzold, die prominenteste und beste Kunstreiterin des berühmten Zirkus Renz, der für seine Kunststücke in der Manege bekannt war. Doch Kunstreiten und die hohe Schule der Reitkunst reichten Elisabeth nicht. Sie wollte einen Schritt weiter gehen und begann, für die berühmt-berüchtigten Parforce-Jagden in England und Irland zu trainieren. Auch dafür engagierte sie die besten Lehrer und kaufte die teuersten Pferde, die speziell trainiert und für die Kaiserin eingeritten wurden. Um an der Jagdsaison teilnehmen zu können, reiste sie über viele Jahre mit einem riesigen Gefolge aus Freunden, Hofdamen, Personal, Reitlehrern, Stallknechten und nicht zuletzt mehreren Pferden für mehrere Wochen pro Jahr nach England, später auch nach Irland. Die Reisen wurden monatelang geplant, vorbereitet und kosteten in Summe jährlich einen Betrag von umgerechnet rund einer Million Euro. Franz Joseph war zufrieden, seine Frau begeistert und glücklich zu wissen, und finanzierte diese Reisen anstandslos.

„Wirklich, mir stehen oft die Haare zu Berge."

Fern des Wiener Hofes in Gesellschaft gleich gesinnter sport- und pferdebegeisterter Menschen fühlte sie sich wohl, war gut gelaunt, strahlend und glücklich. Vor allem aber war sie stolz. Denn Elisabeth war nicht nur zur eindeutig besten Reiterin avanciert, sondern sie überflügelte sogar die meisten Männer. Im Damensattel zu reiten, war unvergleichlich schwerer und herausfordernder als im Männersattel. Elisabeth konnte ihr Pferd nicht mit Schenkeldruck führen, sondern musste mit Einfühlungsvermögen und Gespür eine Verbindung über Stimme, Zügel und Gerte herstellen. Zusätzlich hatte man im Damensattel praktisch keinen Halt, was bei den halsbrecherischen

Sprüngen über Hecken, Wälle, Gatter, Gräben und Bäche äußerst gefährlich war. Elisabeth wurde demnach absolut zu Recht bewundert und verehrt und genoss in diesem Fall durchaus die Aufmerksamkeit, die sie auf sich zog. Wie gefährlich diese Reitjagden tatsächlich waren, belegen Tagebucheintragungen von Elisabeths Hofdame Marie Festetics, die entsetzt notierte: „Es sind so hohe Drops, so tiefe Gräben, Doubles und auch die Irish banks und Mauern und Gott weiß, was alles, zum Hand- und Fuß- und Halsbrechen. Ich höre nie so viel von gebrochenen Gliedern wie hier und alle Tage sehe ich jemand tragen (Anm.: abtransportieren). Bayzand (Anm.: Elisabeths Oberbereiter) ist böse gestürzt, Middleton (Anm.: Elisabeths Trainer und Begleiter) hat sich überschlagen und auch Lord Langford, so geht das fort ... wirklich, mir stehen oft die Haare zu Berge."[59] Die Einzige, die nie schwer stürzte und sich vor allem nie verletzte, war die Kaiserin selbst. Sie hatte offenbar die Gabe, eine besondere Verbindung mit den Pferden herzustellen, und konnte als Einzige selbst die wildesten Pferde beruhigen und reiten. Zeitgenossen sahen in ihr eine Art „Pferdeflüsterin". Ihre Verbundenheit zeigte sich auch darin, dass sie Porträts ihrer Lieblingspferde anfertigen ließ und in Schönbrunn sogar einen kleinen Salon einrichtete, der ausschließlich mit den Porträts ihrer Pferde geschmückt war. Als sie ihrem griechischen Vorleser Constantin Christomanos als einem der wenigen Auserwählten diesen privaten Raum zeigte, meinte sie wehmütig: „Sehen Sie … so viele Freunde habe ich schon verloren …"[60]

Reithut der Kaiserin.

Fairy Queen

Auch als Reiterin wollte die Kaiserin makellos sein, wozu auch ihr tadelloses Outfit gehörte. Ihre Reitkleider mussten zwar praktisch sein, sollten aber auch perfekt sitzen und ihren Ruf als anmutige Reiterin unterstreichen. Auch wie sie zu Pferd wahrgenommen wurde, war von größter Bedeutung für sie. Damit die Reitkleider nicht nur im Stehen, sondern vor allem zu Pferd passten, fanden die Anproben auf einem Holzbock mit Sattel statt, damit sie feststellen konnte, ob die Kleider in dieser Haltung und bei Bewegung auch wirklich saßen. Der Aufwand zahlte sich aus, und Elisabeth wurde bei ihren Aufenthalten in England und Irland bewundernd Fairy Queen – märchenhafte Königin – genannt.[61]

In die Kleider „eingenäht"?

Der Stoff ihrer Reitkostüme sollte dunkel und robust, aber auch flexibel sein. Ein Trick sollte vor allem die elegante Figur der Kaiserin unterstützen: So waren die Röcke ungleichmäßig – nämlich auf der linken Seite länger – geschnitten. Somit war im Damensattel unter dem rechten Bein nicht zu viel Stoff im Weg, gleichzeitig konnte die längere linke Seite elegant herabfließen und alle Erfordernisse, vor allem die schickliche Verhüllung der Beine, erfüllen. Das Oberteil musste eng anliegen, und damit Rock und Oberteil nicht verrutschen konnten und wie angegossen passten, wurde der Rock beim Ankleiden an das Oberteil an- und jegliche Falte zusätzlich abgenäht. Die Kleider des 19. Jahrhunderts, die ja immer aus zwei Teilen – ei-

Elisabeth als Reiterin.

nem Oberteil und einem Rock – bestanden, konnten für den normalen Alltag figurnah gefertigt und getragen werden. Bei sportlicher Betätigung wie dem Reiten konnten die beiden Teile leicht verrutschen, weswegen die Kaiserin besondere Vorkehrungen treffen musste, um auch zu Pferd perfekte Figur zu machen. Elisabeth wurde also nicht, wie immer wieder missverständlich behauptet, in ihre Kleider eingenäht, sondern das Annähen war in Zeiten, in denen es noch keinen Reißverschluss gab und Knöpfe oder Haken beim Sport unbequem gewesen wären und „aufgetragen" hätten, die einzige Möglichkeit, beide Teile der Kleidung unsichtbar aneinander zu befestigen.

Elisabeth war nicht die einzige Frau, die dieses „Zusammennähen" praktizierte. Viele Damen, die es sich leisten konnten, ließen Oberteil und Rock zusammennähen, um schlanker und eleganter zu wirken. Die erste Frau, die diesen cleveren Trick erfand und quasi einführte, war ausgerechnet eine der berühmtesten Kurtisanen Englands, Catherine Alters – auch „Skittles" genannt. Sie war nicht nur im gleichen Alter wie Elisabeth, sondern gehörte als Trendsetterin und hervorragende Reiterin zum Umfeld Bay Middletons, dem Reitlehrer und Begleiter der Kaiserin. Dass sie gleichzeitig unter anderem die Geliebte des Prince of Wales und späteren Königs Edward VII war, störte in der englischen High Society niemanden – und auch die Kaiserin nicht.

Eng anliegende Beinkleider

Unter den Reitröcken trug Elisabeth eng anliegende Beinkleider aus Wildleder. Diese Art Leggings waren notwendig, da man im Damensattel ja keine Unterröcke tragen konnte – diese wären nicht nur unpraktisch, sondern sogar gefährlich gewesen. Abgesehen davon, dass Unterröcke Falten geschlagen und die Haut wund gerieben hätten, hätten auch die Beine in der Gabel des Damensattels keinerlei Schutz gehabt. Im Fall eines Sturzes war zudem die Gefahr, sich in einem Unterrock zu verheddern, groß. Die Beinkleider aus Wildleder, die man im Sommer und Winter tragen konnte, schützten perfekt, ein elastischer Gurt um die Taille sorgte für den Halt. Da sich die Beinkleider als praktisch und bequem erwiesen hatten, wollte Elisabeth schließlich gar nicht mehr auf sie verzichten und trug sie auch unter ihrer normalen Kleidung. Im Sommer waren diese aus kühlem Seidentrikot, im Winter – wie beim Reiten – aus Wildleder. Mit dieser Angewohnheit verstieß Elisabeth gegen die Etikette, und es hätte wohl einen Skandal gegeben, hätte die Öffentlichkeit davon erfahren. Das Geheimnis blieb jedoch gewahrt, und Elisabeth war damit mit Sicherheit eine der ersten Frauen, die keine Unterröcke mehr trugen. Es handelte sich dabei aber weniger um ein politisches oder feministisches Statement, sondern es war einfach bequemer und unterstrich zudem ihre schmale Silhouette, auf die sie so stolz war.

Ihr Aufwand zeigte die erwünschte Wirkung: Diejenigen, die die Kaiserin zu Pferd sahen, erklärten einstimmig, dass dies

Nro. 20 und 21. Reittoiletten.

(Schnitte und Beschreibung auf der Schnitttafel unter Fig. 1—6.)   (Schnitte und Beschreibung auf der Schnitttafel unter Fig. 7.)

Ein Vergleich mit Reitkostümen aus Modezeitschriften der Zeit macht den Unterschied zu den Reitkleidern der Kaiserin deutlich: Reiterinnen trugen mit allerhand Verschnürungen, Volants und Schleifen verzierte Kleider, die Oberteile waren wie Jacken mit Schößchen geschnitten und lagen nicht am Körper an. Wichtig war auch der Schleier am Hut, den Elisabeth als Reiterin jedoch niemals trug, da er sich viel zu leicht verfangen konnte und daher geradezu lebensgefährlich war.

ein unvergesslich schöner Anblick gewesen sei. Sie trug stets ein dunkelblaues oder schwarzes Reitkostüm, das in der kälteren Jahreszeit mit Pelz besetzt war, einen niedrigen Hut und Reithandschuhe.

Entgegen der gängigen Mode legte sie zwar keinen Wert auf dekorative Elemente wie Blumen oder Schleifen, absolutes Muss war jedoch ein Fächer – meist aus robustem Leder –, den sie stets an ihrem Sattel befestigt hatte und blitzschnell zücken konnte, wenn ihr jemand Fremder zu nahe kam. Dazu trug Elisabeth hohe Schnürstiefel mit einem kleinen Sporn am linken Fuß. Ihre Reitleidenschaft war übrigens auch der Grund dafür, dass Elisabeth niemals Ringe trug. Beim Reiten hätten sie gestört, daher verzichtete sie mit der Zeit ganz darauf.

Inkognito in Männerkleidung

In Park des Schlosses Gödöllő, das als Privatresidenz galt, nicht öffentlich zugänglich war und wo vor allem die Etikette nicht so streng war, war es Elisabeth gelegentlich möglich, abends allein und „unerkannt" auszureiten. Bei diesen Gelegenheiten trug sie Pluderhosen über ihren Wildlederbeinkleidern.[62] Nur ihre Haarkrone unter dem Reithut „verriet", dass es sich um eine Reiterin in Männerkleidern handelte. Das konnte sich Elisabeth jedoch nur in privaten und abgeschiedenen Bereichen wie etwa auch dem Schlosspark von Sassetot bei ihrem Trainingsaufenthalt in der Normandie 1875[63] oder eben manchmal in Gödöllő erlauben. Offiziell und tagsüber wäre es der Kaiserin unmöglich gewesen, in Hosen auszureiten. Eine Frau, die in der Öffentlichkeit ihre Beine zeigte, galt als schamlos und anstößig, selbst wenn diese verhüllt waren.

Interessanterweise war Elisabeth so daran gewöhnt und darauf trainiert, im Damensattel zu reiten, dass sie auch bei solchen Inkognito-Ausritten im Damensattel ritt – oder manchmal auch ganz ohne Sattel. So berichtete der Kammerdiener des Kaisers: „Sie war eine tollkühne, verwegene und vollendete Reiterin, die auf ungesatteltem Pferde über die Pußta fegte und die schwersten Jagden ritt."[64] Den Herrensattel – also den heute normal gebräuchlichen Sattel – probierte sie zwar aus, konnte sich damit jedoch nicht anfreunden und präferierte, solange sie den Reitsport ausübte, den Damensattel. Bei aller Wertschätzung der reiterischen Fähigkeiten der Kaiserin muss jedoch eines festgehalten werden: Die beschriebenen Parforce-Jagden entsprachen natürlich in keiner Weise heutigen Maßstäben, und die Fuchsjagd ist zudem mittlerweile verboten. Die Füchse, die für das Vergnügen der adeligen Gesellschaft massenweise aus Deutschland importiert wurden, wurden von Hundemeuten de facto zu Tode gejagt. Nur wenige schafften es, der Meute zu entkommen. Auch wenn es bei diesem Jagdvergnügen nicht darum ging, den Fuchs zu erschießen, gab es für den Fuchs dennoch nur zwei Möglichkeiten: entweder zu entkommen oder von den Hunden zu Tode gebissen zu werden. Der erste Reiter, der beim sogenannten Kill – also dem zu Tode gehetzten oder gebissenen Fuchs – ankam, hatte gewonnen und erhielt den Tagespreis.

Die Zeiten der Reitjagden in England und Irland waren sicher die glücklichsten Jahre der Kaiserin. Sie war in ihrem Element, frei, umschwärmt, begehrt und geachtet. Das Reitkleid steht damit symbolisch für diese fröhliche, unbeschwerte und freudvolle Phase ihres Lebens.

Doch das Glück währte nicht lange. Mit Anfang fünfzig bekam die Kaiserin plötzlich bei gefährlichen Sprüngen Angst, und da sie als exzellente Reiterin wusste, dass Zögerlichkeit gefährlich werden konnte, gab sie das Reiten auf. Dieser Entschluss war eine weitere entscheidende Zäsur in ihrem Leben und das Ende ihrer wahrscheinlich glücklichsten Lebensphase.

Damenreitsattel, bei dem sich beide Beine auf der linken Seite des Sattels befinden.

„Das ist mein Asyl, wo ich ganz mir angehören darf."

Elisabeth zu ihrer Hofdame Irma Sztáray

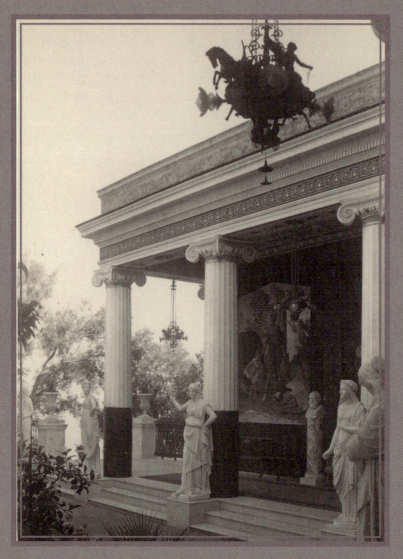

Das Schloss der Kaiserin auf Korfu wurde nach ihrem Lieblingshelden aus der Antike, Achilleus, benannt. Historische Fotografie.

Originales Kleid der Kaiserin Elisabeth aus dem Achilleion auf Korfu.

Das Refugium

Das Achilleion auf Korfu

Nachdem Elisabeth das Reiten aufgegeben hatte, suchte sie eine neue Leidenschaft, die sie erfüllen sollte. Bei ihren Reisen hatte es sie immer wieder auf Korfu, ihre Lieblingsinsel in Griechenland, gezogen. Nun wollte sie für immer bleiben und schrieb 1888 begeistert an Franz Joseph, die Insel sei „… ein idealer Aufenthalt, Klima, Spaziergänge im endlosen Olivenschatten, gute Fahrwege und die herrliche Meeresluft, dazu den prachtvollen Mondenschein …"[65] Hier fühlte sie sich heimisch, mehr noch, sie betrachtete diesen landschaftlich reizvollen und abgeschiedenen Platz als ihre künftige Heimat. Ende der 1880er-Jahre ließ sie sich eine nach Achilleus, ihrem Lieblingshelden aus der griechischen Mythologie, benannte prächtige und äußerst kostspielige Villa in pompejanischem Stil erbauen. Sie richtete das Haus mit wertvollen Antiken ein und stellte es ihrer

Lachsfarbenes Battistkleid der Kaiserin mit Seidenapplikationen, weißem Spitzenbesatz an Kragen und Ärmeln und mit Glasperlen verziert.

da war ich; ca. 1990

Hofdame Irma Sztáray mit den Worten vor: „Das ist mein Asyl, wo ich ganz mir angehören darf, hier beschränken mich keine weltlichen Rücksichten.“[66] Bei ihren Spaziergängen über die Insel trug sie zwar wie immer bequeme und robuste schwarze Baumwollkleider, für die Abende, die sie am liebsten alleine auf der Terrasse im Mondlicht mit Blick auf Meer und Sterne verbrachte, wechselte sie aber gerne in fein gearbeitete helle Seidenkleider.

Sommerkleid der Kaiserin mit Spitzenschärpe aus dem Achilleion auf Korfu.

Sommerkleid der Kaiserin mit Spitzenapplikationen.

Oberteil aus Seide und Spitze. Da Damenkleider aus einem Oberteil und getrennten Rock bestanden, konnten die Oberteile leicht gewechselt und mit dem gleichen Rock mehrmals getragen werden.

Oberteil zu einem Sommerkleid der Kaiserin mit Dekorationen in Form von Blütenknospen.

„Als geriete ich in eine geheimnisvolle Märchenwelt …"

Anlässlich ihres ersten Aufenthaltes im Achilleion notierte Elisabeths Hofdame Irma Sztáray beeindruckt in ihr Tagebuch: „Das Peristyl ist der stumme Zeuge der einsamen Spaziergänge der Kaiserin. Hier stört sie niemand; hier wagt sich niemand her, ohne gerufen zu sein … nicht nur das Peristyl schwamm in einem Lichtermeere, die Bogenlampen leuchteten auch ahnungsvoll hinab auf die Terrassen, die sich unter dem Garten stufenweise dahinziehen. Mir war, als geriete ich in eine geheimnisvolle Märchenwelt …"[67] Elisabeth war stolz darauf, die Einrichtung selbst ausgesucht zu haben. Jedes kleine Detail hatte sie überlegt ausgewählt und in Auftrag gegeben. Alle Objekte, die für das Achilleion angeschafft worden waren, wurden darüber hinaus mit ihrem Lieblingssymbol dieser Zeit, einem Delphin, geschmückt. Hier fand Elisabeth zumindest vorübergehend, was sie gesucht hatte: innere Ruhe.

Doch kehr ich heim in deine Buchten, wenn mir des Lebens Sturm missfällt. Was ich und meine Möven suchten, hier find' ich's – Ruhe vor der Welt.

(Abschied und Rückkehr, Winterlieder 1887)

Perlgrau und Mauve – die Lieblingsfarben der Kaiserin

Die wenigen erhaltenen Kleider belegen, dass Elisabeth zwei

Lieblingsfarben hatte, abgesehen von Schwarz, das sie vor allem in den späten Jahren bevorzugt trug. Dazu zählten alle Grautöne, vor allem Perlgrau und Rosagrau, sowie die absolute Mode- und neue Trendfarbe Mauve. Bereits 1862 war in der Modezeitschrift *Iris* zu lesen: „Bei den Sommerstoffen ist die graue Farbe vorherrschend. Man sieht alle Nuancen derselben, wie perlgrau, rosagrau, lillagrau u. s. w. in unzähligen Variationen … Sommertafft in blau, malvenfarb, islygrün oder grau, mit feinen schwarzen Linienquadrillés als Dessin, gibt reizende Frühjahrkleider …"[68]

Mauve, auch Malvenfarben genannt, eine Mischung aus Grau und Violett, war eine zufällige Entdeckung des englischen Chemiestudenten William Henry Perkin, der eigentlich an Alternativen zu Chinin für die Malariabekämpfung forschte. Bei einem Experiment im Jahre 1856 entstand durch Zufall dieser neuartige Farbton, der erste künstlich erzeugte Farbstoff überhaupt. Die Auswirkung war enorm, denn erstmals konnten nun große Mengen Stoff schnell und gleichmäßig mit chemischen Farben gefärbt werden. Es spricht für das Modebewusstsein und Interesse der Kaiserin an Modetrends, dass sie auf den neuen Farbton

zwischen Grau und Blasslila aufmerksam wurde – was ihr dabei entgegenkam: Nachdem Königin Victoria als junge Witwe die Farbe 1862 bei einer Hochzeit getragen hatte, überschlug sich die Presse in ihrer Berichterstattung, und Mauve wurde in kürzester Zeit zur absoluten Modefarbe. Es galt als Farbe zwischen Halbtrauer und Melancholie, womit es exakt zur Stimmungslage der Kaiserin passte und wohl nicht zufällig zu ihrer Lieblingsfarbe wurde. Auch Elisabeth ließ ab 1864 viele ihrer Kleider in dieser neuen Trendfarbe arbeiten. So trug sie zum Beispiel beim offiziellen Kaisertreffen in Salzburg im August 1867 beim Empfang Kaiser Napoleons III. und Kaiserin Eugénies ein mauvefarbenes Kleid, und die Zeitungen berichteten: „Ihre Majestät die Kaiserin erschien … in einem veilchenblauen, sogenannten Mauve (Malve) Seidenkleide mit langer Schleppe, über das Kleid einen Spitzenüberwurf, der rückwärts mit einer einfachen malvenfarbigen Schleife geziert war, in der Hand einen mit Spitzen überzogenen einfachen Sonnenschirm, auf dem Haupte ein schwarzes ungarisches Hütchen mit schwarzen Federn aufgeputzt."[69]

Ein interessantes Detail ihrer Sommerkleider sind die in den Achseln eingearbeiteten leinen- sowie

seidenbezogenen Kautschuk-
kissen zum Absorbieren von
Schweiß mit Herstellerbezeich-
nung Kleinert-Feather Weight.
Elisabeth verwendete also speziell eingearbeitete Achselpads,
die gewechselt werden konnten,
womit die schwer zu reinigen-
den Kleider nicht verschwitzt
und so länger tragbar waren. Da
sich Elisabeth viel bewegte – und
zwar bei jeder Temperatur –, war
sie auch eine der ersten Frauen,
die Deodorants verwendete. So
ließ sie sich in der Hofapotheke
ein speziell für sie entwickeltes
„Aluminium-Waschwasser" herstellen, das porenverengend und
damit schweiß- und geruchshem-
mend wirkte.

So sehr Franz Joseph auch gehofft
hatte, dass Elisabeth auf Korfu
endlich Ruhe finden würde, so
schnell wurde diese Hoffnung
zerstört. Kaum war ihr „Asyl"
fertig, verlor die rastlose Kaiserin bereits Mitte der 1890er-Jahre
ihr Interesse am Achilleion, fühlte sich damit belastet, eingeengt
und wollte es zum Verkauf anbie-
ten, wozu es aber erst nach ihrem
Tod kam.

Cremefarbener Schirm.

*Cremefarbene Seidenschuhe der
Kaiserin Elisabeth.*

Das Sommerkleid steht damit
symbolisch auch für die zuneh-
mende Rast- und Ruhelosigkeit
der Kaiserin, die ihre letzten Le-
bensjahre bestimmen sollte.

DIE FRAUENWELT

JUNI 1873

Der Vergleich mit einem Sommerkleid aus Die Frauenwelt *aus dem Jahr 1873 zeigt den Unterschied zu den Kleidern der Kaiserin: Die angesagten Modelle waren wesentlich voluminöser und verspielter, Elisabeth bevorzugte klare Linien und verzichtete weitgehend auf „Putz und Dekoration".*

„O wie entsetzlich ist es, alt zu werden!"

Elisabeth zu ihrer Nichte Marie Larisch.

Die Kaiserin zu Pferd verbirgt ihr Gesicht vor neugierigen Blicken, historische Fotografie.

Schwarzer Fächer mit Marabufedern, Rekonstruktion Mónika Czédly, Salon D'Elia.

Flucht vor fremden Blicken

Kaiserliche Accessoires

Um als junge, schöne Frau in die Geschichte einzugehen, ließ sich Elisabeth ab Anfang dreißig nicht mehr fotografieren, die letzten Gemälde nach Modell entstanden 1879 im Alter von 41 Jahren. Da Elisabeth ihr Selbstwertgefühl offenbar zum Großteil aus ihrer viel bewunderten Schönheit bezog, hatte sie Angst vor dem Alter und seinen Begleiterscheinungen. Der Verlust ihrer Jugend und Schönheit bedeutete für sie auch einen Verlust an Lebensfreude. Mit zunehmendem Alter fühlte sie sich nicht mehr bewundert und begehrt und klagte ihrer Nichte Marie Larisch: „O, wie entsetzlich ist es, alt zu werden! Zu fühlen, wie die Zeit die Hand auf unseren Körper legt, zu beobachten, wie die Haut runzlig wird, am Morgen mit Furcht vor dem Tageslicht zu erwachen und zu wissen, daß man nicht mehr begehrt wird!"[70] Fächer, Schleier und Sonnenschirme fungierten daher zunehmend nicht nur als gängige elegante Accessoires, sondern wurden zu unverzichtbaren Begleitern der Kaiserin. Mit 53 Jahren schrieb Elisabeth: „Es gibt nichts grauslicheres, als so nach und nach zur Mumie zu werden und nicht Abschied nehmen zu wollen vom Jungsein. Wenn man dann als geschminkte Larve herumlaufen muß – pfui!"[71]

Diese Zeilen verraten, dass Elisabeth ihr Selbstwertgefühl offensichtlich zu einem Gutteil aus ihrer Schönheit bezog. Als sie ihre Schönheit schwinden sah, fühlte sie sich als Frau nicht mehr begehrt, nutzlos, und verfiel in deprimierte Stimmungen. Schirme und Fächer sollten aber nicht nur ihrer ihrer Meinung nach entschwundene Schönheit verbergen, sondern sie wurden immer mehr auch zu einer symbolischen Barriere zwischen ihr und ihrer Umwelt. Elisabeths griechischer Vorleser Constantin Christomanos notierte dazu: „Ich blickte da wieder zu jenem Schirme und jenem Fächer auf – dem berühmten schwarzen Fächer und dem allbekannten weißen Schirme – treuen Begleitern ihrer äußeren Existenz, die fast zu Bestandteilen ihrer körperlichen Erscheinung geworden. In ihrer Hand sind sie nicht das, was sie den anderen Frauen bedeuten, sondern nur Embleme, Waffen und Schilde im Dienste ihres wahren Wesens ... nur das äußerliche Leben der Menschen als solches will sie damit abwehren ...«[72]

Zu Elisabeths bevorzugten Herstellern gehörten auch heimische Firmen wie die Sonnen- und Regenschirm-Erzeugerin J. Weltin in der Freisingergasse 7 und der Leder-Galanteriewaren-Fabrikant Joseph Weidmann in der Mariahilferstraße 49. Kleinere Kürschnerarbeiten lieferten August Schwarz sowie sein Neffe und Nachfolger Johann Theyer, einige Schuhe bezog die Kaiserin von A. J. Löw in der Kärntnerstraße 6, Anton Dibliks Firma »Helia«, kleine Lederarbeiten auch von Rudolf Scheer in der Bräunerstraße. Die meisten Stücke kaufte sie jedoch bei ihren Reisen oder bestellte sie direkt in Paris und London.

Da die Kaiserin natürlich die beste Werbeträgerin war, versuchten viele Firmen und Hersteller auf sich aufmerksam zu machen, indem sie Muster ihrer Kunst oder Kollektion an die Kammer Ihrer Majestät der Kaiserin schickten. Da sich Elisabeth aber dafür nicht interessierte, sondern genau wusste, was sie von wem wollte, und ihre Wahl immer eigenständig fällte, profitierten ihre Hofdamen – allen voran aber ihre Friseurin Fanny Feifalik – davon. Da man in der Monarchie um das besondere Naheverhältnis Elisabeths zu ihrer Friseurin wusste, schickten viele Firmen in der Hoffnung, dass diese ihren Einfluss auf die Kaiserin nutzen würde, ihre Produkte direkt an Fanny Feifalik. Frau Feifalik hatte daher eine für ihre Stellung außergewöhnlich elegante Garderobe und war immer am Puls der Zeit ausgestattet. So berichteten auch die Zeitungen: »Die verschiedenen Modewarenhändler, welche den Einfluß der Favorit-Friseurin bei der Kaiserin kennen, versäumen es auch nicht, der Feifalik allerlei Cadeaus an Stoffen, Putzwaren usw. zu machen, die der jungen und putzsüchtigen Frau auch sehr willkommen sind.«[73]

Seidenschuhe der Kaiserin.

Sonnenschirm der Kaiserin.

Schwarze Spitzenstola.

Schwarze Spitzenstola der Kaiserin

Schirm der Kaiserin.

„Ich eil ins Reich der Träume …"

An meinen Meister, Winterlieder, 1887

Vorlage, Kaiserin Elisabeth, (verschollenes) posthumes
Gemälde von Joseph Koppay, 1899

*Schwarzes Damastkleid mit Federnbesatz, Rekonstruktion nach dem
Gemälde von Joseph Koppay, 1899, Mónika Czédly, Salon D'Elia.*

Poetische Traumwelten

Nach Elisabeths tragischem Tod ließ Kaiser Franz Joseph nicht nur für sich und die engsten Vertrauten seiner Gemahlin posthume Porträts anfertigen, sondern auch für zahlreiche Institutionen. Darunter auch ein Gemälde von József Koppay für den Wiener Jockey Club. Als Vorlage verwendete er eine Fotografie aus der Serie Emil Rabendings aus dem Jahr 1866, die Kaiserin ist jedoch wie in ihren späten Jahren üblich in einem schwarzen schmal geschnitten Kleid dargestellt. Sie trägt jedoch kein hochgeschlossenes Kleid wie auf den meisten Darstellungen, sondern ein elegantes, tief dekolletiertes Abendkleid, das stilistisch in die Zeit passt, als sie als elegante Erscheinung in England und Irland Furore machte.

„Eine schwarze cypressenschlanke Frauengestalt"

Elisabeth war sich ihrer Wirkung auf Männer und Frauen durchaus bewusst. Sie wollte zwar nicht gemustert und angestarrt, in privater Runde jedoch durchaus bewundert werden. Da sie herausgefunden hatte, dass ihr Schwarz nicht nur gut stand, sondern ihr auch eine geheimnisvolle Aura verlieh, wurde es zu ihrer Lieblingsfarbe. Diejenigen, die Elisabeth persönlich begegneten, schilderten sie übereinstimmend als schwarze schlanke Erscheinung, ihr griechischer Vorleser beschrieb sie als „eine schwarze cypressenschlanke Frauengestalt".[74]

„Ich hatte sie noch nie so pompös gekleidet gesehen."

Koppays Gemälde dokumentiert diese Vorliebe für Schwarz, das dank feinster Stoffe trotzdem glänzend und schillernd und mit zahlreichen Applikationen verziert sein konnte. Eine besondere Vorliebe hatte Elisabeth auch für federbesetzte und -geschmückte Kleider. So schilderte Elisabeths griechischer Vorleser Constantin Christomanos seine Begegnung mit der Kaiserin am Neujahrstag 1892 tief beeindruckt: „Sie ließ mich heute vor dem Ausfahren nochmals in den Salon rufen. An der offenen Thüre zwischen dem Salon und ihrem Boudoir waren Seile, Turn- und Hängeapparate angebracht. Ich traf sie gerade, wie sie sich an den Handringen erhob. Sie trug ein schwarzes Seidenkleid mit langer Schleppe und von herrlichen schwarzen Straußfedern umsäumt. Ich hatte sie noch nie so pompös gekleidet gesehen. Auf den Stricken hängend, machte sie einen phantastischen Eindruck, wie ein Wesen zwischen Schlange und Vogel … Um sich niederzulassen, mußte sie über ein niedrig aufgespanntes Seil hinwegspringen. – Dieses Seil, sagte sie, ist dazu da damit ich das Springen nicht verlerne … Sie wollte heute später ausfahren, weil sie einige Erzherzoginnen zum Empfange erwartete, weswegen sie auch diese ausnehmend ceremonielle Robe anziehen musste. Wie sie mir sagte. – Wenn die Erzherzoginnen wüssten, sagte sie, daß ich in diesem Kleide geturnt habe, sie würden erstarren …"[75]

Diese Schilderung belegt nicht nur, dass Elisabeth bis ins hohe Alter turnte, um agil und beweglich zu bleibte, sondern dass

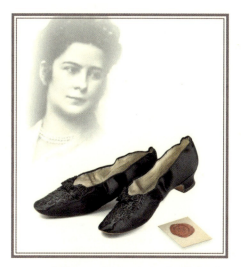

Schwarze Satinschuhe der Kaiserin.

sie es geradezu liebte zu überraschen, zu provozieren und gegen Konventionen zu verstoßen.

Elisabeth hatte erreicht, was sie wollte – sie hatte als beste Reiterin der Welt reüssiert, galt als schöne und geheimnisvolle Frau, hatte einen Mann, der sie trotz all ihrer Spleens über alles liebte, und war als Kaiserin keinerlei Kritik ausgesetzt. Dennoch war sie nicht glücklich. Sie zog sich immer öfter für längere Zeit aus der Öffentlichkeit zurück und fand eine neue Lieblingsbeschäftigung: das Dichten.

Poetische Traumwelten

Sisi hatte seit ihrer frühesten Jugend zumeist sehnsuchtsvolle und schwärmerische Gedichte geschrieben. Inspiriert und beeinflusst von ihrem Lieblingsdichter Heinrich Heine, den sie in ihren Gedichten ihren „Meister" nannte, schrieb sie ab den 1880er-Jahren nun wehmütige, melancholische Gedichte, in denen sie über ihre Enttäuschungen, unerfüllten Sehnsüchte, ihre Schwermut und ihre Isolation schrieb. Beginnende Depressionen lassen sich erahnen, doch Elisabeth hat immer wieder auch gute Phasen, in denen sie sich stark und kämpferisch zeigte. In dieser Stimmung schrieb sie zahlreiche beißend kritische, sarkastische Gedichte, in denen sie vor allem die Mitglieder der kaiserlichen Familie wie auch Vertreter der Hocharistokratie nicht gerade zart, dezent oder zimperlich beschrieb. So rechnete sie in Gedichten über das Geburtstagsfest Kaiser Franz Josephs sowie einen Hofball im Jahr 1887 mit der Hofgesellschaft ab und dichtete:

Nah'n ja doch die höchsten Namen
Unserer Aristokratie,
Sternkreuz und Palastesdamen,
fett und meistens dumm sind sie …
Hofball, 1887

Ihren Schwager Erzherzog Ludwig nannte sie darin einen „Ehrabschneider und Lügner", ihre Schwiegertochter Stephanie „ein mächtig Trampeltier", eine weitere Verwandte „einer Schweizer Kuh gleich an fetten Formen", eine andere „hässlich wie die Hex im Märchen". Es waren also nicht nur wehmütige und schwermütige Gedichte, dennoch waren diese in der Mehrzahl. Da sie ihre melancholischen Gedichte schon zwischen 1885 und 1888 schrieb, war auch nicht der wohl härteste Schicksalsschlag ihres Lebens, der Selbstmord ihres Sohnes, des Kronprinzen Rudolf, im Jänner 1889, Auslöser für ihre Depressionen. Dennoch war das eine Zäsur, die vieles veränderte.

Morgenmantel der Kaiserin.

„Marmor bin ich ...“

Heidelberg 2, Nordsee Lieder, 1885

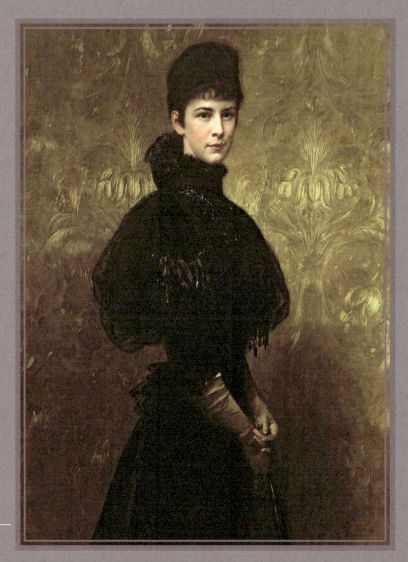

Kaiserin Elisabeth, Gemälde von Gyula Benczúr, 1899.

Schwarzes hochgeschlossenes Seidenkleid mit Spitzen-Plastron und breitem Taillengürtel,
Rekonstruktion nach dem Gemälde von Gyula Benczúr, 1899, Mónika Czédly, Salon D'Elia.

Todessehnsucht

„Ein Schatten liegt auf ihrer Seele ...“

Obwohl Elisabeth ein völlig unabhängiges, freies und selbstbestimmtes Leben führte, war sie unglücklich. Ihre Schwermut, die sie seit ihrer Jugend begleitete, entwickelte sich zu einer Depression, und ihre Hofdame Marie Festetics schrieb in einem Brief an Elisabeths Vertraute Ida Ferenczy: „Es drückt mich, Ida, was ich hier sehe und höre. Ihre Majestät ist zwar immer lieb, wenn wir beisammen sind und redet wie einst. Sie ist aber nicht mehr die Alte – ein Schatten liegt über ihrer Seele."[76]
Der Selbstmord ihres einzigen Sohnes, des Kronprinzen Rudolf, der im Jänner 1889 in seinem Jagdschloss Mayerling zuerst seine Geliebte, die junge Baronesse Mary Vetsera, und anschließend sich selbst erschoss, hatte ihre Depressionen, die sie bereits davor gehabt hatte, noch verstärkt. Nach Rudolfs tragischem Tod kleidete sie sich nur

noch in Schwarz, zog sich noch mehr zurück und verkörperte das Bild einer Mater dolorosa. Sie reiste nun rastlos durch Europa, versuchte ihre angegriffene Gesundheit durch zahlreiche Kuren zu bessern, fand aber nirgends Erholung oder Ruhe. Selbst ihr Refugium und Asyl, das Achilleion, war ihr zur Belastung geworden und wurde von ihr aufgegeben. Ab Ende 1897 nahmen sie ihre Todesgedanken zunehmend gefangen. Irma Sztáray, ihre Hofdame, Reisebegleiterin und engste Vertraute in diesen Tagen, notiert in ihr Tagebuch: „Der Todesgedanke umkreist sie jetzt unausgesetzt ..."[77]
Auch Elisabeths Familie machte sich immer größere Sorgen um die schwermütige Kaiserin. 1897 schrieb ihre Tochter Marie Valerie in ihr Tagebuch: „Leider will Mama mehr denn je allein sein ... und spricht nur von traurigen Dingen", und im Mai 1898: „Die tiefe Traurigkeit, die Mama früher doch nur zeitweilig umfing, verläßt sie jetzt nie mehr ... Heu-

te sagte Mama wieder, sie ersehne oft den Tod …"[78]

Es gab jedoch auch immer wieder heitere Phasen, was wohl am damals gängigen Medikament gegen Depressionen lag: Cocain. Niemand Geringerer als Sigmund Freud empfahl viele Jahre die damals neuartige Medizin gegen melancholische Verstimmungen – erst einige Jahre später sollte er das gefährliche Suchtpotenzial erkennen. In den späten 1890er-Jahren galt Cocain jedoch noch als modernes Hilfsmittel gegen Depressionen, und so ist es nicht verwunderlich, dass sich auch in der Reiseapotheke der Kaiserin ein Fläschchen Cocainlösung sowie eine Cocain-Spritze befanden.

„Das beste Portrait, das jemals von der Kaiserin gemalt wurde …"

Die Vorlage für dieses Kleid stellt eines der bekanntesten Porträts der Kaiserin dar, das jedoch erst posthum entstand. Auf dem Porträt trägt Elisabeth ein Kleid, das mit den charakteristischen Merkmalen wie den gekräuselten Rüschen und dem breiten Gürtel der Moder dieser Jahre folgte. Kaiser Franz Joseph verfolgte die Entstehung des Porträts genau und schrieb an Katharina Schratt: „… fuhr ich

vor 2 Uhr zum Maler Benczur, um das Bild unserer theuren Verklärten zu sehen, welches er für Frau von Ferenczy in meinem Auftrage gemalt hat. Dasselbe ist sehr gelungen und jedenfalls das beste Porträt, welches von der Kaiserin gemalt wurde. Es ist ein wunderschönes Bild, die Gestalt vorzüglich und auch das in jugendlicherem Alter gedachte Gesicht ähnlich und mit sehr angenehmem Ausdrucke."[80]

Irma Sztáray begleitete die Kaiserin in den letzten Jahren auf all ihren Reisen – so auch im September 1998 in die Schweiz. Historische Fotografie vom September 1898.

kurz vor dem Attentat

„Nur an Kaisers Geburtstag legte sie ein lichtes Gewand an ..."

Irma Sztáray

Das Kaiserpaar 1894 im Hotelgarten von Cap Martin, Heliogravüre nach Gemälde von Wilhelm Gause 1898.

*Originales Kleid der Kaiserin Elisabeth,
rosafarbene Seide mit cremefarbener Spitze.*

Das lichte Kleid

Dem Kaiser zuliebe

Obwohl Elisabeth ab dem Tod ihres Sohnes Rudolf nur noch Schwarz trug, machte sie doch einmal im Jahr eine Ausnahme. So berichtete ihre Hofdame Irma Sztáray: „Ihre Majestät trug immer Schwarz, nur an Kaisers Geburtstag machte sie eine Ausnahme und legte ein lichtes Gewand an …" Für Franz Joseph machte sie eine Ausnahme und wusste, dass sie ihm damit eine Freude machen konnte.

Die späten Kleider der Kaiserin folgten dabei alle ihren genauen Vorstellungen: Die Röcke waren vorne schmal, beinahe figurbetont geschnitten, vertikale Spitzenbordüren verstärkten den Effekt der schmalen Silhouette. Zusätzlich waren die Röcke vorne deutlich merkbar kürzer geschnitten, um sie nicht beim Gehen und Ausschreiten zu behindern. Die Taille war wie stets betont, Rüschenvolants sollten ihre große Oberweite kaschieren. Eine kleine, eher angedeutete Tournüre entsprach der aktuellen Mode und verstärkte gleichzeitig die schlanke Linienform des Kleides. Einige dieser „lichten" Kleider ließ Elisabeth bei Marie Braun, der Hofschneiderin des Bayerischen Hofes in der Münchner Residenzstraße, arbeiten. Zu ihren „lichten" Kleidern trug die Kaiserin flache seidenbezogene Schuhe, einige hatten einen kleinen Absatz. Stete Begleiter waren Fächer und schwere lederbezogene Schirme, die sie vor der Sonne – und neugierigen Blicken – schützen sollten.

„Meine liebste Engels-Sisi"

Das Kaiserpaar hatte sich im Laufe der Jahre trotz völlig unterschiedlicher Charaktere und Lebensführung arrangiert. Elisabeth hatte zwar ihre Hoffnungen auf eine für sie erfüllende Ehe bald aufgegeben, als sie jedoch von ihren Verpflichtungen als

Kaiserin befreit war, entwickelte sich – vielleicht auch durch die Distanz – eine freundschaftliche Ehe, in der sich beide nicht nur schätzten und achteten, sondern auch wirklich gern hatten. Marie Festetics meinte zum Verhältnis Elisabeths zu ihrem Mann zwar, „... dass sie ihn achtete und gerne hatte, aber geliebt hat sie ihn wohl nicht"[81], aber das Kaiserpaar war nicht nur vertrauter miteinander, sondern sah sich auch weit öfter als zumeist dargestellt. Vor allem in den späten Jahren, als Elisabeth viel reiste, trafen sie sich regelmäßig: einige Wochen im Frühling in der Hermesvilla in Wien – meist gemeinsam mit den Töchtern –, im Sommer in Ischl, im Herbst einige Tage in Ungarn. In der Zeit, in der Elisabeth auf Reisen war, schrieben sie einander beinahe täglich. Es handelt sich dabei durchaus nicht, wie manchmal behauptet, um oberflächliche Pflichtbriefe, sondern sie schilderten detailliert und sehr humorvoll ihren Alltag. Elisabeth berichtete ausführlich von ihren Reisen, ihren Erlebnissen und Eindrücken, Franz Joseph erzählte von den Kindern, seinem Alltag und drückte ihr in allen Briefen seine Sehnsucht nach ihr aus. Franz Josephs Briefe begannen immer mit „Meine liebste Engels-Sisi", „Mein lieber Engel" oder „Meine

heiß geliebte Sisi", und er sehnte sich bis zum Schluss nach seiner Frau. Aber auch Elisabeth bemühte sich, ihrem Mann immer wieder mit Kleinigkeiten eine Freude zu machen. So fand er etwa nach einem Abschied ein Rosenbouquet von ihr auf seinem Schreibtisch –

Franz Joseph war gerührt, und die Zeit nach gemeinsamen Tagen fiel ihm besonders schwer. 1893 schrieb er: „Ich gewöhne mich nur langsam an die Einsamkeit, die Augenblicke bei Deinem Frühstücke und die gemeinsamen Abende gehen mir, trotz der in Deinen Zimmern herrschenden Kälte, sehr ab und schon zweimal war ich auf meinem Weg zur Bellaria in Deinen Zimmern, wo zwar alle Möbel verhängt sind, wo mich aber Alles so wehmütig an Dich erinnert ..."[82]

Als ihre Tochter Marie Valerie nach dem Tod ihrer Mutter die Briefe las, stellte sie erstaunt fest, dass das Verhältnis ihrer Eltern gerade in den letzten Jahren ein wesentlich besseres und vor allem innigeres war, als sie gedacht hatte.[83]

Gemeinsame Tage an der Côte d'Azur

Die schönste gemeinsame Zeit

verbrachten sie jeden Frühsommer, wenn sie sich für einige Tage ganz privat an der Côte d'Azur trafen. Elisabeth freute sich auf diese Treffen, reiste immer schon lange vorher an, um alles für Franz Joseph vorzubereiten. Sie suchte neue schöne Spazierwege, organisierte Ausflüge und gemütliche Abende, die sie ausnahmsweise ganz alleine verbrachten. Nach diesen harmonischen Tagen gingen sie wieder getrennte Wege. Franz Joseph gingen diese Trennungen auch noch nach vielen Jahren nahe. Im Jahr 1897 schrieb er nach einem dieser kurzen gemeinsamen Treffen: „Édes szeretett lelkem, (mein süßer geliebter Engel), nach so unendlich kurzem Zusammensein, sind wir wieder auf den schriftlichen Verkehr beschränkt. Das ist sehr traurig, lässt sich aber leider nicht ändern. Die neuerliche Trennung von Dir geht mir sehr nahe …"[84]

In seinem vorletzten Brief an Elisabeth schrieb Franz Joseph am 9. September 1898: „Wie glücklich wäre ich, wenn ich, Deinem Wunsche gemäß, einige Zeit mit Dir in Ruhe alles das genießen und Dich nach so langer Trennung wieder sehen könnte; allein daran kann ich jetzt leider nicht denken, denn außer der so schwierigen politischen Lage ist bereits die ganze zweite Hälfte September für Jubiläumsfeste, Kircheneinweihungen und Besichtigung der Ausstellung in Anspruch genommen …"[85]

Das Kaiserpaar hatte sich also weder völlig entfremdet, noch gingen sie völlig getrennte Wege. Franz Joseph hatte seine Frau ziehen lassen – umso mehr liebte er die wenigen Tage, die sie zu zweit miteinander verbringen konnten.

„Ich wollte, meine Seele entflöge zum Himmel durch eine ganz kleine Öffnung des Herzens"

Elisabeth zu Baronin Rothschild am Vortag ihrer Ermordung

Oberteil des originalen Kleides, das Elisabeth am Tag ihrer Ermordung trug.

Schwarzes Seidenkleid, Rekonstruktion Mónika Czédly, Salon D'Elia.

Das Attentat

Gräfin Hohenembs

Im September 1898 hielt sich Elisabeth für mehrere Wochen in Territet bei Montreux auf, von wo aus sie zahlreiche Ausflüge machte. So fuhren Elisabeth und Irma Sztáray am 9. September mit dem Passagierdampfer von Caux über den Genfersee nach Genf und von dort mit dem Wagen nach Prégny, um die Baronin Rothschild zu besuchen. Die Baronin, deren Anwesen am See lag und die über einen Privathafen verfügte, bot Elisabeth an, sie mit ihrer Jacht direkt nach Montreux zurückzubringen, doch Elisabeth lehnte dankend ab, da sie den Abend in Genf verbringen wollte.

Nach dem Besuch bei Julie Rothschild, den Elisabeth sehr genoss, fuhr sie zurück nach Genf und stieg wie immer unter ihrem Pseudonym, Gräfin von Hohenembs, im Hotel Beau Rivage ab. Am Abend spazierte sie mit Irma Sztáray durch die Stadt, ging wie immer Eis essen, kaufte ein Geschenk für Marie Valerie und gegen zehn Uhr abends kehrten die beiden ins Hotel zurück. Durch eine Indiskretion erschien am nächsten Tag in einer Genfer Zeitung die Meldung, dass die Kaiserin von Österreich im Hotel abgestiegen sei. Diese Nachricht wurde auch von Luigi Lucheni gelesen, einem italienischen Anarchisten, der eigentlich nach Genf gekommen war, um den Prinzen von Orléans zu ermorden. Dass der Prinz im letzten Moment seine Reiseroute geändert und früher als geplant Genf verlassen hatte, störte Lucheni wenig – durch diesen Zufall hatte er bereits ein weitaus prominenteres Opfer gefunden.

„Was ist denn jetzt mit mir geschehen?"[86]

Am nächsten Vormittag, dem 10. September, machte Elisabeth noch Einkäufe, mittags kehrte sie ins Hotel zurück und machte sich für die Reise nach Caux fertig. Das Schiff sollte um 13 Uhr 40 ablegen. Auf dem Weg zur Schiffsanlegestelle stürzte sich Lucheni auf die Kaiserin und stieß ihr eine spitz zugeschliffene Dreikantfeile in die Brust. Elisabeth stürzte zu Boden, stand aber gleich wieder auf. Im Glauben, dass nichts geschehen sei und es sich um einen Dieb gehandelt habe, bedankte sie sich bei den zu Hilfe geeilten Passanten. Niemand – selbst Elisabeth nicht – bemerkte die tödliche Verletzung. Lucheni hatte die Kaiserin mitten ins Herz getroffen, und sie verblutete langsam und unbemerkt nach innen. Die beiden Damen gingen an Bord. Als Elisabeth jedoch das Schiff betreten hatten, brach sie zusammen. Mit Eau de Cologne und einem in Äther getauchten Stück Zucker versuchte man, die Kaiserin wieder zu beleben. Elisabeth richtete sich noch einmal auf, bedankte sich und fragte erstaunt: „Was ist denn jetzt mit mir geschehen?" Dann sank sie bewusstlos zusammen. Als Irma Sztáray nun das Oberteil des Kleides öffnete, entdeckte sie auf dem Unterhemd einen kleinen Blutfleck und dann die winzige Stichwunde. Erst jetzt erkannte sie, dass Elisabeth töd-

lich verwundet war. Das Schiff kehrte sofort um, und die sterbende Kaiserin wurde in ihr Hotelzimmer zurückgebracht, wo die Ärzte um 14 Uhr 40 nur noch ihren Tod feststellen konnten.

Marie Valerie schrieb in ihr Tagebuch: „Nun ist es gekommen, wie sie es immer wünschte, rasch, schmerzlos, ohne ärztliche Beratung, ohne lange, bange Sorgentage für die Ihren."[87]

Und als Franz Joseph von seinem Flügeladjutanten Graf Paar die Nachricht von ihrem Tod erhielt, waren seine einzigen Worte: „Niemand weiß, was diese Frau mir gewesen ist."[88]

Luigi Lucheni erstach die Kaiserin mit einer spitz zugeschliffenen Maurerfeile, die er nach dem Attentat fortwarf, wobei die Spitze abbrach.

ANMERKUNGEN

1 Gudula Walterskirchen, Beatrix Meyer, Das Tagebuch der Gräfin Marie Festetics, Wien 2004, S. 50f.

2 Therese Landgräfin Fürstenberg an ihre Schwester Gabi am 2. September 1867, Rechenbergarchiv, zit. nach Egon Caesar Conte Corti, Elisabeth. Die seltsame Frau, Salzburg 1934, S. 183.

3 Tagebuch Marie Gräfin Festetics 19.09.1872, zit. nach Walterskirchen, S. 119.

4 Bayerische Staatsbibliothek, Nachlass Sexau, Ludovika an ihre Schwester Marie von Sachsen am 7. April 1853.

5 Graf Joseph Alexander von Hübner, Neun Jahre der Erinnerungen eines österreichischen Botschafters in Paris unter dem zweiten Kaiserreich 1851–1859, Bd. 1, 1904, S. 134.

6 Die Presse, 23. April 1854, S.3.

7 Zit. nach Corti, S. 54f.

8 Wiener Moden Zeitung, 15. März 1863, Der Zwischenakt, 4. Februar 1863 und Neue Freie Presse, 23. Februar 1865.

9 Bayerische Staatsbibliothek, Nachlass Sexau, zit. nach Brigitte Haman, Elisabeth, Wien 1982, S. 183.

10 Helga Kessler Aurisch: Franz Xaver Winterhalter. Maler im Auftrag Ihrer Majestät, Stuttgart 2015, S. 214. und Georg Kugler in: Des Kaisers teure Kleider, Festroben und Ornate, Hofuniformen und Livreen vom frühen 18. Jahrhundert bis 1918, Katalog zur Ausstellung des Kunsthistorischen Museums im Palais Harrach Wien, Wien 2000, S. 254.

11 Elizabeth Coleman, Die Damenmode bei Winterhalter und Worth, in: Helga Kessler Aurisch: Franz Xaver Winterhalter. Maler im Auftrag Ihrer Majestät, Stuttgart 2015, S. 62.

12 Österreichisches Staatsarchiv, Haus-, Hof- und Staatsarchiv (HHStA), HA, Obersthofmeisteramt, Sekretariat Kaiserin Elisabeth, Bücher, Index Buchstabe W.

13 Umrechnung nach dem historischen Währungsrechner „eurologisch" der Österreichischen Nationalbank, www.eurologisch.at.

14 HHStA, HA, Obersthofmeisteramt, Sekretariat Kaiserin Elisabeth, Bücher, Index Buchstabe W.

15 HHStA, NL Erzherzogin Sophie.

16 Iris, 19. Februar 1864.

17 HHStA, Nachlass Erzherzog Ludwig Victor, Brief Erzherzog Ludwig Viktors an Erzherzogin Sophie.

18 Staatsarchiv Dresden, Marie von Sachsen an Fanny von Ow, 18. März 1865.

19 HHStA, Tagebuch Erzherzogin Sophie, zit. nach Hamann, S. 78f.

20 Vasárnapi Újság, 6. Februar 1866.

21 Illustrirte Zeitung, 24. Februar 1866.

22 Fremdenblatt, 5. Februar 1866.

23 Brief Elisabeths an Kaiser Franz Joseph, Archiv Erzherzog Franz Salvator, Schloss Wallsee, zit. nach Corti, S. 152.

24 Freundlicher Hinweis Patricia Pálinkás.

25 Joszef Eötvös an Max Falk, zit. nach Hamann, S. 263.

26 Freundlicher Hinweis und Übersetzung aus dem Ungarischen von Particia Pálinkás.

27 Corti, 1934, S. 175.

28 Corti, 1934, S. 175. Er nennt dabei einen Preis von 5000 Francs, was in der Tat für das kostbare Kleid gering scheint, da Elisabeths Kleider alle um die 5000 Francs kosteten. Denkbar wäre daher auch, dass die gesamte Robe von Worth stammte und der Wiener Hof das kostbare Kleid erst viel später bezahlte. Das würde den Betrag von beinahe 35 000 Francs erklären, den Worth 1872 erhielt (HHStA, OmeA Kaiserin Elisabeth, Bücher).

29 Basierend auf noch unpublizierten Forschungsergebnissen der Historikerin Patricia Zita Pálinkás.

30 Brief Elisabeths vom 5. Juni 1867 an ihre Mutter Ludovika. Archiv Schloss Wallsee, zit. nach Corti, S. 174.

31 Eugen Ketterl, Der Alte Kaiser, wie nur Einer ihn sah, Wien 1980, S. 36f.

32 Carlo Scharding, Das Schicksal der Kaiserin Elisabeth, 1960, mit Briefen der Gräfin de Jonghe an ihre Familie.

33 Ketterl, S. 36.

34 Horst und Martha Schad, Marie Valerie von Österreich. Das Tagebuch der Lieblingstochter von Kaiserin Elisabeth, München 2006, S. 216.

35 Constantin Christomanos, Tagebuchblätter, Erinnerungen des Hauslehrers von Kaiserin Elisabeth. Wien 2007, S. 43.

36 Zit. nach Johann Ulrich Schlegel, Feuersignale der Menschheit, Baden-Baden 2018, S. 83.

37 Ebenda (Kaiser Wilhelm II., am 21. November 1890).

38 Prager Tagblatt, 25. April 1879.

39 Prager Tagblatt, 25. April 1879.

40 Neuigkeits-Welt-Blatt, 25. April 1879.

41 HHStA, HA, Obersthofmeisteramt, Sekretariat Kaiserin Elisabeth, Bücher, Index Buchstabe S.

42 HHStA, HA, Obersthofmeisteramt, Sekretariat Kaiserin Elisabeth, Bücher, Index Buchstabe S.

43 HHStA, HA, Obersthofmeisteramt, Sekretariat Kaiserin Elisabeth, Bücher, Index Buchstabe S.

44 Ketterl, S. 37.

46 Brief an Dr. Westphal vom Juni 1885, zit. nach Angela Steidele, Rosenstengel. Ein Manuskript aus dem Umfeld Ludwig II., Köln 2015, Nr. 76.

47 HHStA, Nachlass Corti, Karton 14, Brief vom 3. September 1892.

48 Hans J. Schütz (Hg.), Adelheid Popp, Jugend einer Arbeiterin, Berlin 1977, S. 21.

49 Zit. nach Hamann, Elisabeth, S. 200.

50 Iris, 17. Dezember 1864.

51 Marie Larisch, My Past, London 1913, S. 104.

52 Christomanos, S. 34f.

53 Christomanos, S. 36f.

54 Marie Louise von Wallersee-Larisch, Kaiserin Elisabeth und ich, Leipzig 1935,

S. 54.

55 Wallersee, S. 27.

56 Sztáray, S. 29f.

57 Brief Kaiserin Elisabeth an Dr. F.C. Müller, 25. Juni 1885. Zit nach: Angela Steidele, Rosenstengel. Ein Manuskript aus dem Umfeld Ludwig II., Köln 2015, Nr. 78.

58 Ebenda, 24. Juni 1885, Nr. 77.

59 Ungarische Nationalbibliothek, Tagebuch Marie Gräfin Festetics, 27.02. 1879.

60 Christomanos, S. 59.

61 Ungarische Nationalbibliothek, Tagebuch Marie Gräfin Festetics, 16. Jänner 1878.

62 Marie Larisch, My Past, London 1913, S.78.

63 Albert Perquer, Une Villégiature impériale en Pays de Caux, Paris 1897 (www. les-petites-dalles.com). Albert Perquer war der Eigentümer des Schlosses, das Elisabeth für ihren Aufenthalt in Sassetot anmietete. Über 20 Jahre später publizierte er seine Erinnerungen an den Aufenthalt der Kaiserin, da der Text jedoch einige historisch Unkorrektheiten beinhaltet, müssen alle Angaben mit Vorsicht behandelt werden.

64 Ketterl, S. 36.

65 Zit. nach Corti, S. 382.

66 Irma Sztáray, Aus den letzten Jahren der Kaiserin Elisabeth, Wien 1909, S. 77.

67 Sztáray, S. 84.

68 Iris, 1. Mai 1862.

69 Gmundener Wochenblatt, 27. August 1867.

70 Wallersee, S. 28.

71 Wallersee, S. 45.

72 Christomanos, S. 61f.

73 Prager Tagblatt, 2. Oktober 1927.

74 Christomanos, S. 19.

75 Christomanos, S. 53f.

76 Zit. nach Corti, 1934, S. 395.

77 Sztáray, S. 150f.

78 Schad, S. 304/306.

80 Jean Bourgoing, Briefe Kaiser Franz Josephs an Frau Katharina Schratt, Wien 1949, S. 384.

81 Wienbibliothek, Handschriftensammlung, Nachlass Heinrich Friedjung, AN 56/2, Literarische Entwürfe, Marie Festetics, Gespräch am 06.03.1913, fol. 95v.

82 Georg Nostitz-Rieneck, Briefe Kaiser Franz Josephs an Kaiserin Elisabeth, 2 Bde., Wien 1966, Bd. I, S. 335f.

83 Schad, S. 316.

84 Nostitz-Rieneck, Bd. II, S. 256.

85 Nostitz-Rieneck, Bd. II, S. 458.

86 Sztáray, S. 249.

87 Zit. nach Martha Schad, Kaiserin Elisabeth und ihre Töchter, München 1999, S. 169.

88 Ketterl, S. 40.

QUELLEN UND LITERATUR

Quellen
Österreichisches Staatsarchiv, Haus-, Hof- und Staatsarchiv:
Hofarchive, Obersthofmeisteramt, Sekretariat Kaiserin Elisabeth
Nachlass Erzherzogin Sophie, Tagebuch
Nachlass Egon Caesar Conte Corti
Széchényi Nationalbibliothek, Budapest Tagebuch der Gräfin Marie Festetics,
Wiener Stadt- und Landesbibliothek, N. Friedjung, Gespräch mit Marie Festetics
6.3.1913,

Literatur
Egon Caesar Conte Corti, Elisabeth. Die seltsame Frau, Salzburg 1934.
Egon Caesar Conte Corti, Elisabeth von Österreich. Tragik einer Unpolitischen,
Wien 1975.
Constantin Christomanos, Tagebuchblätter. Erinnerungen des Hauslehrers von
Kaiserin Elisabeth, Wien 2007.
Elizabeth Ann Coleman, Die Damenmode bei Winterhalter und Worth, in: Museum
of Fine Arts, Houston (Hg.), Franz Xaver Winterhalter. Maler im Auftrag Ihrer
Majestät, 2015 S. 58–63.
Sabine Fellner, Katrin Unterreiner, Rosenblüte und Schneckenschleim. Schönheits-
pflege zur Zeit Kaiserin Elisabeth, Wien 2006.
Sabine Fellner, Katrin Unterreiner, Morphium, Cannabis und Cocain. Medizin und
Rezepte des Kaiserhauses, Wien 2008.
Otto Friedländer, Letzter Glanz der Märchenstadt. Wien um 1900, Wien 2002.
Nora Fugger, Fürstin, Im Glanz der Kaiserzeit, Wien 1980.
Brigitte Hamann, Elisabeth. Kaiserin wider Willen, München/Wien 1981.
Brigitte Hamann, Meine liebe gute Freundin. Die Briefe Kaiser Franz Josephs an
Katharina Schratt, Wien 1992.
Brigitte Hamann, Kaiserin Elisabeth. Das Poetische Tagebuch, Wien 1995.
Historisches Museum der Stadt Wien, Mode. Von Kopf bis Fuß 1750 bis 2001, Kata-
log zur Ausstellung, Wien 2001.
Graf Joseph Alexander von Hübner, Neun Jahre der Erinnerungen eines österreichi-
schen Botschafters in Paris unter dem zweiten Kaiserreich 1851–1859, Bd. 1, 1904.
Regina Karner (Hg.), Großer Auftritt, Mode der Ringstraßenzeit, Katalog zur Aus-
stellung des Wien Museums, Wien 2009.
Helga Kessler Aurisch: in Franz Xaver Winterhalter. Maler im Auftrag Ihrer Majes-
tät, Stuttgart 2015.
Eugen Ketterl, Der Alte Kaiser, wie nur Einer ihn sah, Wien 1980.
Georg Kugler, Des Kaisers teure Kleider, Festroben und Ornate, Hofuniformen und
Livreen vom frühen 18. Jahrhundert bis 1918, Katalog zur Ausstellung des Kunst-
historischen Museums im Palais Harrach Wien, Wien 2000.
Marie Larisch, My Past, London 1913.
Gerda Mraz, Ulla Fischer-Westhauser, Elisabeth. Wunschbilder oder Die Kunst der
Retouche, Wien 1998.
Georg Nostitz-Rieneck, Briefe Kaiser Franz Josephs an Kaiserin Elisabeth, 2 Bde.,
Wien 1966.

Gabriele Praschl-Bichler, Unsere liebe Sisi. Die Wahrheit über Erzherzogin Sophie und Kaiserin Elisabeth. Aus bislang unveröffentlichten Briefen, Wien 2008.

Martha und Horst Schad, Marie Valerie. Das Tagebuch der Lieblingstochter von Kaiserin Elisabeth von Österreich, München 1998.

Carlo Scharding, Das Schicksal der Kaiserin Elisabeth, o. O. 1960.

Franz Schnürer, Briefe Kaiser Franz Josephs I. an seine Mutter 1838–1872, München 1930.

Mirja Straub, Franz Xaver Winterhalter. Maler der Frauen, in: Museum of Fine Arts Houston (Hg.), Franz Xaver Winterhalter. Maler im Auftrag Ihrer Majestät, 2015, S.49–55..

Angela Steidele, Rosenstengel. Ein Manuskript aus dem Umfeld Ludwig II., Köln 2015.

Irma Gräfin Sztáray, Aus den letzten Jahren der Kaiserin Elisabeth, Wien 1909.

Katrin Unterreiner, Sisi, Mythos und Wahrheit, Wien 2005.

Katrin Unterreiner, Sisi. Kaiserin Elisabeth von Österreich. Ein biographisches Portrait, Freiburg 2010.

Maria Freiin von Wallersee, Meine Vergangenheit. Wahrheit über Kaiser Franz Joseph/Schratt Kaiserin Elisabeth/Andrássy Kronprinz Rudolf/Vetschera, Berlin 1913.

Maria Freiin von Wallersee (auch unter Marie Louise von Wallersee-Larisch), Kaiserin Elisabeth und ich, Leipzig 1935.

Gudula Walterskirchen, Beatrix Meyer, Das Tagebuch der Gräfin Marie Festetics, Wien 2004.

Weissensteiner Friedrich, Lieber Rudolf. Briefe von Kaiser Franz Joseph und Elisabeth an ihren Sohn, Wien 1991.

Bildnachweis:

S.13, 19, 25, 31, 35, 43, 45, 48, 51, 57, 61, 62, 65, 71, 77, 83, 93, 101, 109, 119, 125, 131, 141:
Mónika Czédly – Salon D'Elia, Fotos: Zsóka Somogyvári und Kriszti Szoboszlai
S. 75, 82, 87, 96, 99, 111, 113, 114, 116, 121, 122, 123, 129: Hermann Historica, München
S. 10, 128: Schweizerisches Bundesarchiv
S.12: ÖNB / ÖNB-Bildarchiv / picturedesk.com
S.16: Pulfer / Interfoto / picturedesk.com
S.18, 22: Schloß Schönbrunn Kultur-und Betriebsges.m.b.H / Fotograf: Alexander Eugen Koller
S. 23, 29, 50, 107, 117: ANNO / Österreichische Nationalbibliothek
S. 24: Franz Clemens Waldburg-Zeil, Palast Hohenems
S. 30, 100, 140: Hungarian National Museum
S. 34: Austrian Archives / Imagno / picturedesk.com
S. 38: 85: Österreichisches Staatsarchiv
S. 41: A. E. Köchert Juweliere Wien Salzburg
S. 42 akg-images
S. 43, 104, 127: Dorotheum Wien
S. 44: Móra Ferencz Múzeum, Szeged
S. 47: Ost & Neumann, Atelier / ÖNB-Bildarchiv / picturedesk.com
S. 49, 124, 133: akg-images / picturedesk.com
S. 56: Rabending, Emil / ÖNB-Bildarchiv / picturedesk.com
S. 60: Bertalan Székely: Queen Elizabeth 1969. / József Attila Museum Makó
S. 64: József Attila Museum Makó
S. 69, 105: ÖNB-Bildarchiv / picturedesk.com
S. 70: akg-images / Jérôme da Cunha
S. 76: Angerer, Ludwig / ÖNB-Bildarchiv / picturedesk.com
S. 88: Austrian Archives (AA) / Imagno / picturedesk.com
S. 87: Kaiserin Elisabeth Museum Possenhofen e.V., Schlossberg 2, D-82343 Pöcking
S. 92: akg-images / picturedesk.com
S. 110: Beer, Alois / ÖNB-Bildarchiv / picturedesk.com
S. 118: Öst. Volkshochschularchiv / Imagno / picturedesk.com
S. 130: Bridgeman Art Library / picturedesk.com
S. 134: Gause, Wilhelm / ÖNB-Bildarchiv / picturedesk.com
S. 135: Privatsammlung Alfons Schneider Salzburg, Foto: Julia Peev Textilrestaurierung
S. 140: SZ Photo / SZ-Photo / picturedesk.com
S. 143: Josephinum. MedUni Wien, Foto: Bene Croy

Wir bedanken uns herzlich beim Auktionshaus Hermann Historica, München.